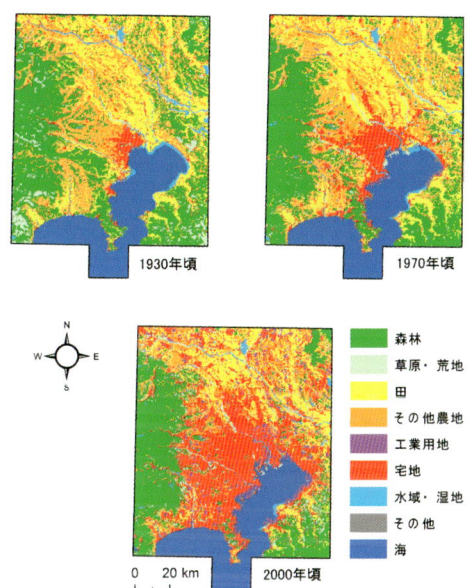

口絵1　東京圏における3時期の土地利用メッシュマップ
　　　（第1, 2, 3, 4, 7, 8章）

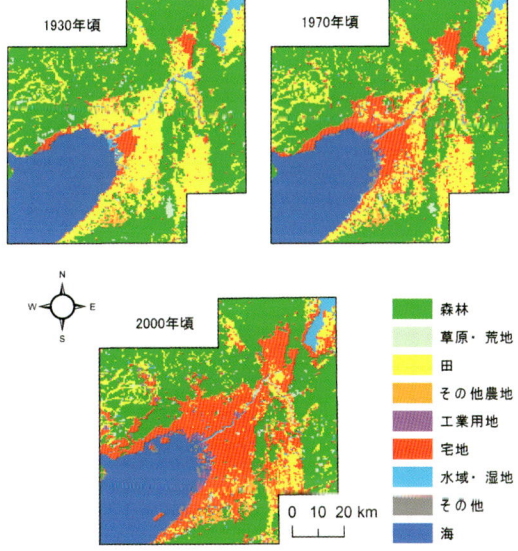

口絵2　大阪圏における3時期の土地利用メッシュマップ
　　　（第1, 2, 3, 4, 7, 8章）

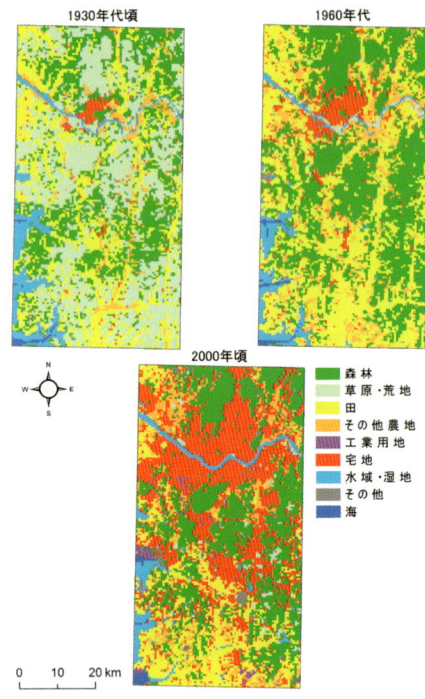

口絵3　ソウル圏における3時期の土地利用メッシュマップ
（第1, 2, 3, 5, 7, 8章）

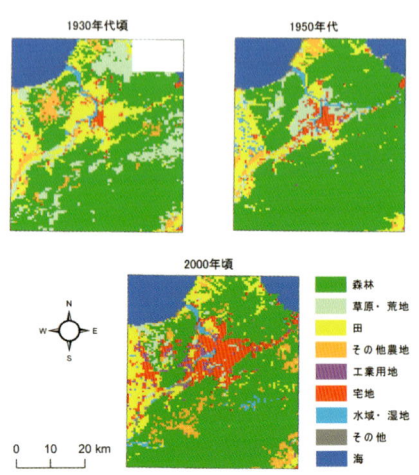

口絵4　台北圏における3時期の土地利用メッシュマップ
（第1, 2, 3, 5, 7, 8章）

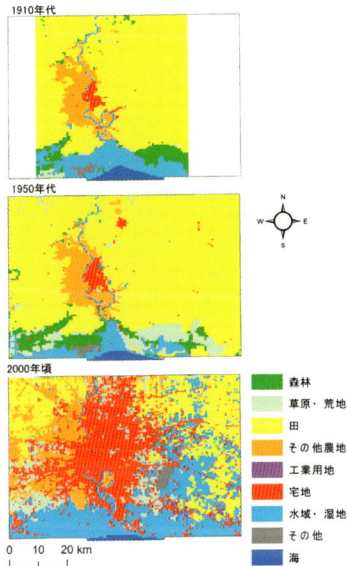

口絵5 バンコク圏における3時期の土地利用メッシュマップ
（第1, 2, 3, 7, 8章）

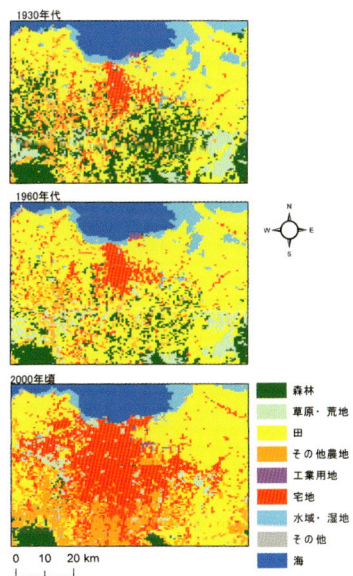

口絵6 ジャカルタ圏における3時期の土地利用メッシュマップ
（第1, 2, 3, 5, 7, 8章）

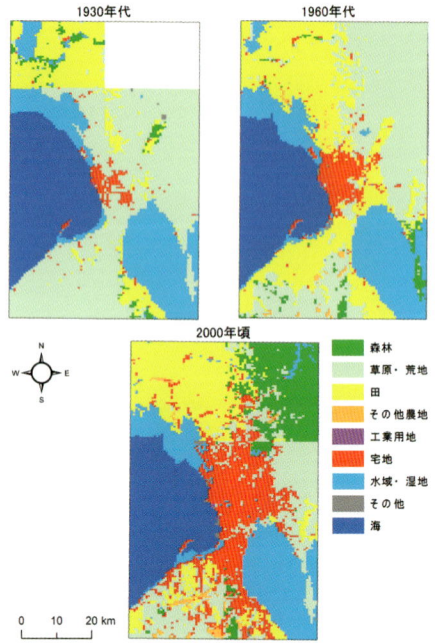

口絵 7　マニラ圏における 3 時期の土地利用メッシュマップ
（第 1, 2, 3, 7, 8 章）

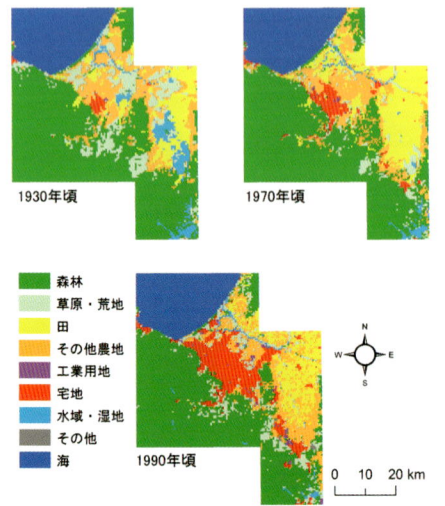

口絵 8　札幌圏における 3 時期の土地利用メッシュマップ
（第 4 章）

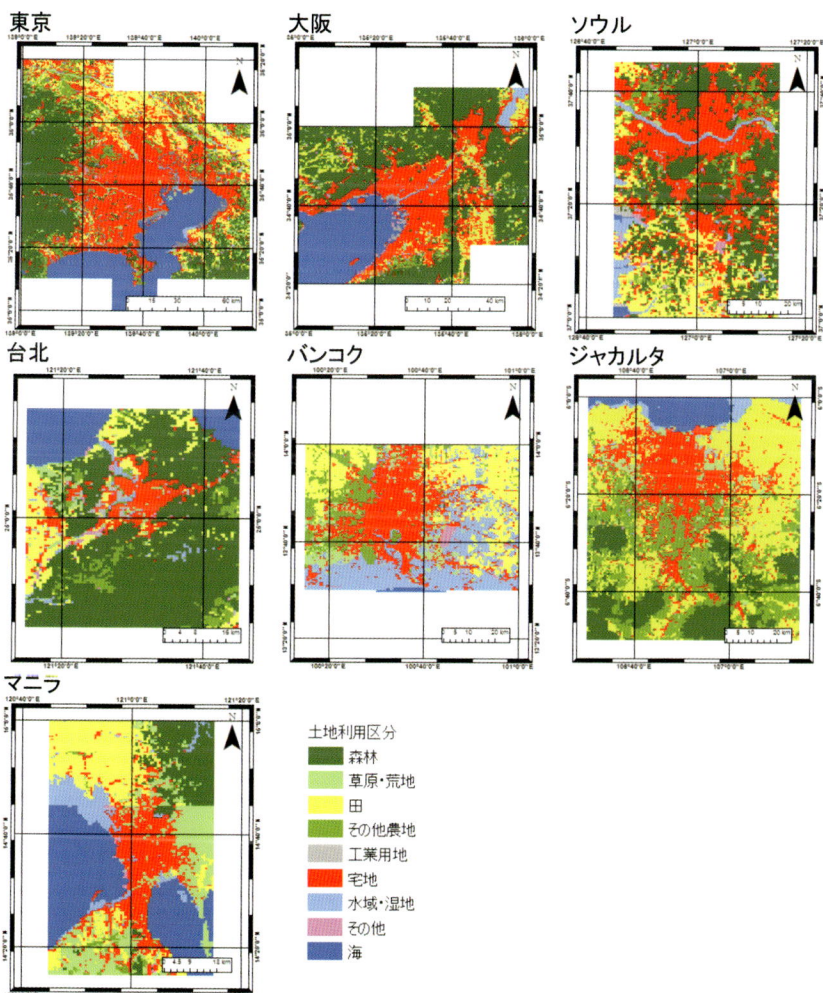

口絵9 分析対象範囲の土地利用（2000年頃）
（第6章）

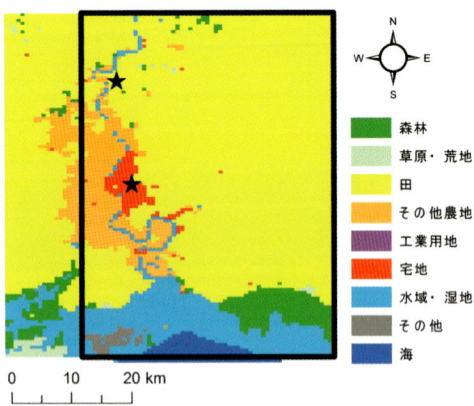

口絵 10　バンコク圏における 1910 年代の土地利用分布と分析範囲（第 7 章）

　　　　　図中の星は中心市街地と北の郊外の位置を示す。
　　　　　図中の太枠の内側が口絵 11 に示された領域に対応する。

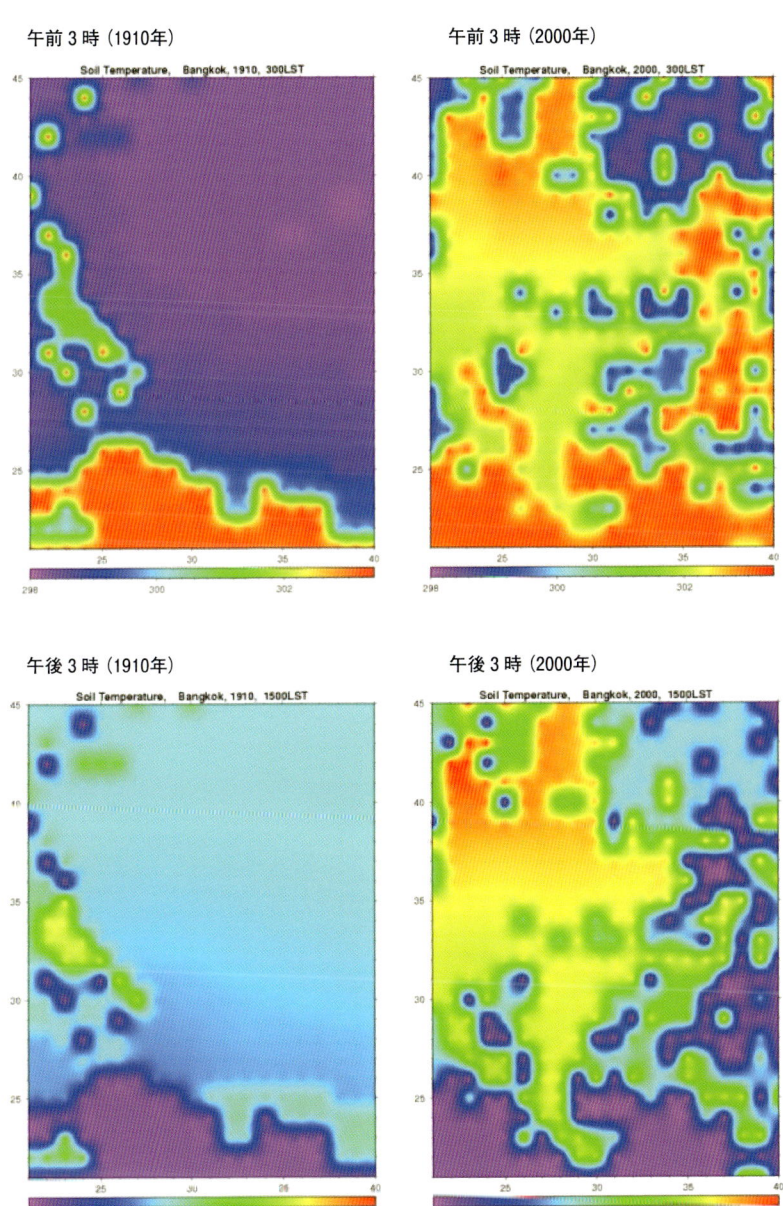

口絵 11　バンコク周辺の最暖候期（3月末の静穏晴天日）における計算地表面温度（第7章）
同一時間帯における気温のレンジは共通である。

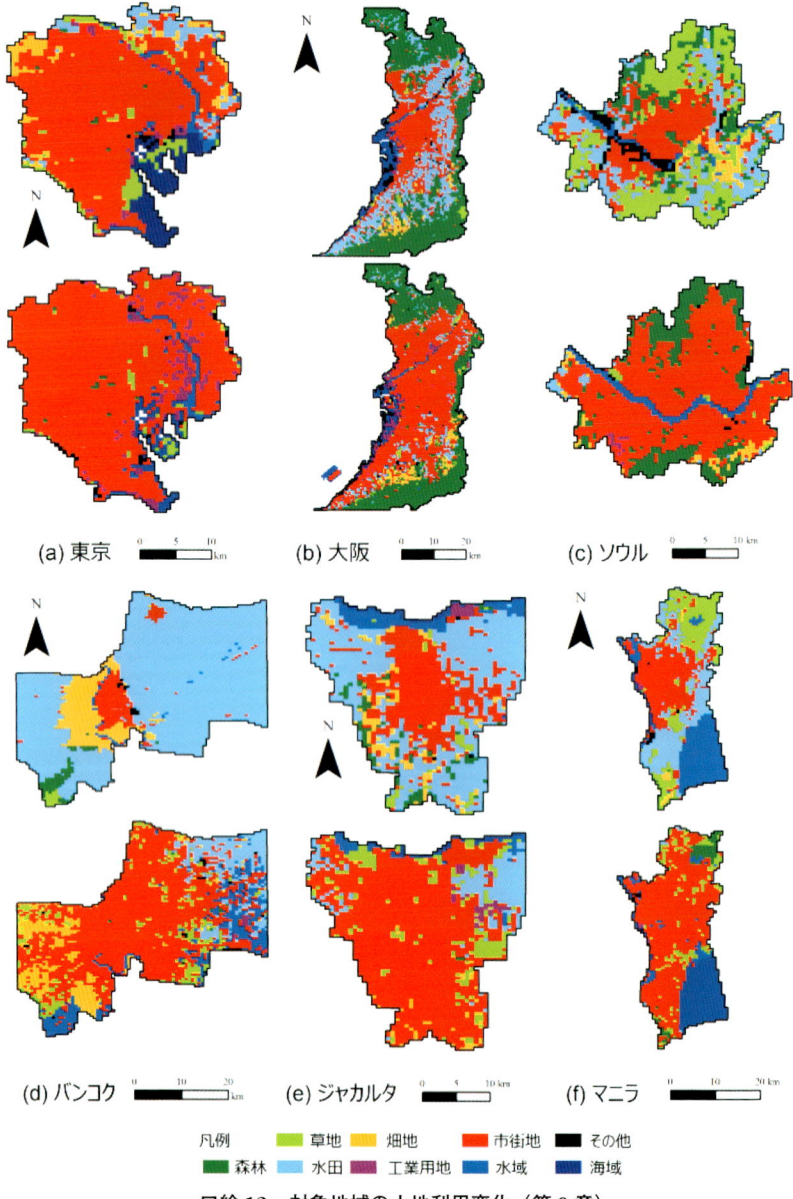

口絵 12　対象地域の土地利用変化（第 9 章）

各都市の上図が 1960 年頃，下図が 2000 年頃。
(Shimizu et al., 投稿中を加筆修正)

土地利用でみる
アジアの都市化と
自然環境

Urbanization and the Environment in Asia: Land Use Data Analysis

山下 亜紀郎 編著
Edited by Akio YAMASHITA

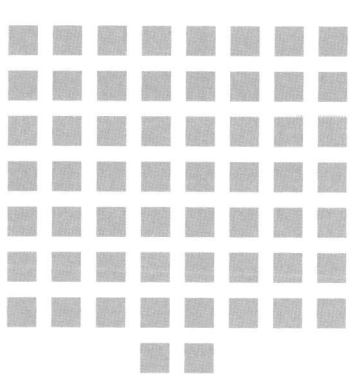

筑波大学出版会

Urbanization and the Environment in Asia: Land Use Data Analysis
Edited by Akio YAMASHITA

University of Tsukuba Press, Tsukuba, Japan
Copyright ©2016 by Akio YAMASHITA
ISBN978-4-904074-39-8 C3025

は　し　が　き

　土地利用の分布やその時系列的変化は，地域の自然環境や社会経済環境の現況や変化を端的に映す鏡であり，人間の営為が地表面に対して及ぼした影響をはかる指標である．したがって，地理学のような人と自然の関係を地域的視点で捉える学問分野にとって，土地利用の分析はその基本をなすものといえる．

　本書は，2005～2010年にかけて編者らがアジアの7都市（東京，大阪，ソウル，台北，バンコク，ジャカルタ，マニラ）の3時期を対象に作成した土地利用メッシュデータを主に用いて，おおよそ20世紀の100年間という時間スケールで，都市発展と地形・大気・水環境といった自然環境との相互関係について追究した研究の成果を1冊の書籍としてまとめたものである．

　本書でも取り上げるようなアジアの大都市の多くは，大河川下流沿岸の低平地に立地し，ここ50～100年という期間で急激に人口が増加し，都市としての変貌を遂げてきた．それに伴い，水資源問題，都市熱（ヒートアイランド）問題，地盤沈下や地下水汚染などに象徴される地下環境問題などを引き起こしてきた．しかし，都市としての発展段階や成熟度には都市間で相違があり，それに伴う上記のような都市環境問題にみられる顕在的，潜在的特性にも相違がある．したがって本書かと土に取り上げる7都市は，それぞれ都市としての発展時期や発展度が異なることを念頭に置いて選定されている．

　なお，本書に掲載されている各章は，すでに学会誌等で公表済みの論文をもとにしたものが大半であり，本書の趣旨と構成に即して再編成した上で加筆修正している．以下に，その初出一覧を示す．

〈初出一覧〉

第1章

吉越昭久 2010．アジアの都市発展と水環境変化．谷口真人編『アジアの地下環境―残された地球環境問題―』67-88．学報社．

Yamashita, A. 2011. Comparative analysis on land use distributions and their changes in Asian mega cities. In Taniguchi, M. ed. *Groundwater and Subsurface Environments: Human Impacts in Asian Coastal Cities*, Springer, 61-81.

Yoshikoshi, A. 2011. Urban development and water environment changes in Asian megacities. In Taniguchi, M. ed. *Groundwater and Subsurface Environments: Human Impacts in Asian Coastal Cities*, Springer, 35-59.

第2章

山下亜紀郎・阿部やゆみ・髙奥　淳 2008．アジアのメガシティにおける5万分の1地形図からの土地利用メッシュマップ作成．地理情報システム学会講演論文集 17：205-208．

山下亜紀郎・阿部やゆみ 2010．アジアのメガシティにおける官製地図からの土地利用判読の問題点とその対応．酪農学園大学紀要人文・社会科学編 35：15-27．

Yamashita, A. 2011. Comparative analysis on land use distributions and their changes in Asian mega cities. In Taniguchi, M. ed. *Groundwater and Subsurface Environments: Human Impacts in Asian Coastal Cities*, Springer, 61-81.

第3章

山下亜紀郎・阿部やゆみ・髙奥　淳 2009．東京・大阪大都市圏における旧版地形図からの土地利用メッシュマップ作成と土地利用変化の分析．地理情報システム学会講演論文集 18：529-534．

Yamashita, A. 2011. Comparative analysis on land use distributions and their changes in Asian mega cities. In Taniguchi, M. ed. *Groundwater and Subsurface Environments: Human Impacts in Asian Coastal Cities*, Springer, 61-81.

第4章

大原譽丈・山下亜紀郎 2011．メッシュデータを用いた札幌・東京・大阪圏における土地利用変化と地形との関係分析．地理学論集 86：55-71．

第5章

山下亜紀郎 2012．20世紀のアジア大都市における土地利用変化と地形条件との関係―ソウル・台北・ジャカルタを事例に―．地理情報システム学会講演論文集 21．

山下亜紀郎 2013．チリウン・チサダネ川流域における土地利用変化と地形条件との関係．地理情報システム学会講演論文集 22．

第6章

白木洋平・山下亜紀郎・谷口智雅・香川雄一・一ノ瀬俊明・豊田知世・吉越昭久・谷口真人 2011．アジアのメガシティにおける都市の発達が郊外との温度差に与える影響．地球環境研究 13：107-113．

第7章

（本書のための書き下ろし）

第 8 章

吉越昭久 2010. アジアの都市発展と水環境変化. 谷口真人編『アジアの地下環境―残された地球環境問題―』67-88. 学報社.

Yoshikoshi, A. 2011. Urban development and water environment changes in Asian megacities. In Taniguchi, M. ed. *Groundwater and Subsurface Environments: Human Impacts in Asian Coastal Cities*, Springer, 35-59.

第 9 章

Shimizu, Y., Onodera, S., Toyota, T., Yamashita, A. and Taniguchi, M. Estimation of the nitrogen load to groundwater in six Asian megacities using a nitrogen flow model. *Science of the Total Environment*（投稿中）.

第 10 章

（本書のための書き下ろし）

　本書に掲載されている研究成果の多くは，総合地球環境学研究所の研究プロジェクト「都市の地下環境に残る人間活動の影響」（代表：谷口真人）の一環として行われたものである．本書を刊行するにあたり，総合地球環境学研究所の谷口真人先生には，研究プロジェクト実施中から今日に至るまで，われわれの研究に対して常にご理解とご支援を賜りました．また，同プロジェクトのメンバーとして現地調査に出かけ研究をともにした多くの方たち，現地でわれわれのお世話をしてくださったカウンターパートの方たちからも，さまざまなサポートをいただきました．酪農学園大学の金子正美先生，NPO 法人 EnVision 環境保全事務所の渡會敏明様，大村やゆみ様には，土地利用メッシュデータの作成において大変お世話になり，とくに大村様には多大なるご尽力をいただきました．ここに記して感謝の意を表します．

　なお，本書で作成した 7 都市 3 時期の土地利用メッシュデータ（シェープ形式）を，ご自身の研究や教材作成等に利用したい方は，下記，編者のメールアドレスまでお問い合わせください．

2016 年 3 月

編者　山下亜紀郎
akio@geoenv.tsukuba.ac.jp

編著者

山下亜紀郎（筑波大学生命環境系）：第1, 2, 3, 4, 5, 10章

著者

大村（阿部）やゆみ（元 NPO 法人 EnVision 環境保全事務所）：第2章

髙奥　淳（株式会社サンコー）：第2章

大原譽丈（一般財団法人北海道農業近代化技術研究センター）：第4章

白木洋平（立正大学地球環境科学部）：第6章

一ノ瀬俊明（国立研究開発法人国立環境研究所）：第7章

吉越昭久（立命館大学文学部）：第1, 8章

清水裕太（国立研究開発法人農業・食品産業技術総合研究機構 近畿中国四国農業研究センター）：第9章

小野寺真一（広島大学大学院総合科学研究科）：第9章

目　　次

はしがき iii

第1章　序　論 ──────────────────── 1
　1. 対象地域の自然環境の概要 1
　2. 近代都市としての起源と発展過程 10
　3. 土地利用メッシュデータを用いた既往研究 15
　4. 本書のねらいと構成 16

第2章　土地利用メッシュデータの作成 ──── 19
　1. はじめに 19
　2. 作成基準 19
　3. 作成方法 21
　4. 土地利用判読上の問題点とその対応 22
　　4.1. 日本の都市の事例　23
　　4.2. ソウルの事例　24
　　4.3. 台北の事例　26
　　4.4. バンコクの事例　27
　　4.5. ジャカルタの事例　29
　　4.6. マニラの事例　31

第3章　都市の拡大と土地利用 ──────── 35
　1. 東京圏 35
　2. 大阪圏 38
　3. ソウル圏 40
　4. 台北圏 43
　5. バンコク圏 45
　6. ジャカルタ圏 47

 7．マニラ圏 49
 8．まとめ 49

土地利用変化と地形環境

第4章　日本の大都市における土地利用変化と地形との関係　―札幌・東京・大阪の事例― 53

 1．はじめに 53
 2．研究地域の地形の概要 54
 3．土地利用分布とその変化 55
  3．1．札幌圏の土地利用分布とその変化　55
  3．2．東京圏の土地利用変化　57
  3．3．大阪圏の土地利用変化　59
  3．4．3都市圏の比較　59
 4．土地利用変化と標高・傾斜との関係 61
  4．1．札幌圏　61
  4．2．東京圏　64
  4．3．大阪圏　64
  4．4．3都市圏の比較　64
 5．おわりに 70

第5章　アジアの大都市における土地利用変化と地形との関係　―ソウル・台北・ジャカルタの事例― 73

 1．はじめに 73
 2．3都市圏における土地利用変化と標高・傾斜との関係 73
 3．チリウン・チサダネ川流域における土地利用変化と標高・傾斜との関係 81
  3．1．チリウン・チサダネ川流域の概要　81
  3．2．各時期の土地利用分布の地域的特性　81
  3．3．土地利用変化と標高・傾斜との関係　84
  3．4．まとめ　87

土地利用変化と大気環境

第6章　都市の発展が市街地と周辺地域の地表面温度差に与える影響 ── 89

1. はじめに ── 89
2. 分析方法 ── 90
    2.1. 市街地と周辺地域の定義　90
    2.2. 地表面温度の算出方法　92
3. 結　果 ── 94
4. まとめと今後の課題 ── 96

第7章　都市の発展と地下温度上昇 ── 99

1. はじめに ── 99
2. 土地利用情報の整備 ── 100
3. メソスケール気象モデルの概要 ── 101
4. 地表面温度の数値シミュレーション ── 102
5. 解決手法と結論 ── 106

土地利用変化と水環境

第8章　都市の発展と水環境問題の変化 ── 111

1. はじめに ── 111
    1.1. 目　的　111
    1.2. 方　法　112
2. 都市の発展過程のモデル ── 113
    2.1. 東京・大阪　113
    2.2. ソウル・台北　115
    2.3. バンコク　116
    2.4. ジャカルタ・マニラ　117
3. 水環境の変化と水環境問題 ── 118
    3.1. 東　京　119
    3.2. 大　阪　120
    3.3. ソウル　121

3．4．台　北　122
　　　3．5．バンコク　123
　　　3．6．ジャカルタ　125
　　　3．7．マニラ　126
　4．都市の発展過程と水環境問題との関わり　127
　5．おわりに　129

第9章　窒素フローモデルを用いた地下への窒素負荷量の推定　133

　1．はじめに　133
　2．分析地域概要　134
　　　2．1．東　京　134
　　　2．2．大　阪　134
　　　2．3．ソウル　136
　　　2．4．バンコク　136
　　　2．5．ジャカルタ　137
　　　2．6．マニラ　137
　3．改良窒素フローモデルの概要　138
　4．窒素フローに基づく窒素収支　140
　5．土地利用ごとの窒素負荷量の変化　146
　6．浅層地下水中の推定溶存無機窒素濃度の時空間変化　149
　7．改良窒素フローモデルの再現性の検証とその限界　152
　8．おわりに　154

第10章　結　論　157

第1章　序　　論

　ここでは本書における個々の分析への導入として，本書が主に対象とする7都市とその周辺地域（**図1-1～1-7**）における自然環境，および7都市の近代都市としての起源とその後の発展過程について概観する。そして，本書のような土地利用メッシュデータを用いた既往研究について簡単にレビューした上で，本書のねらいと構成について述べる。

1. 対象地域の自然環境の概要

　東京は，日本最大の関東平野に位置し，北部から東部のおよそ50 km圏にかけて広大な平野が広がる。南側は東京湾である。西側は武蔵野台地や多摩丘陵，狭山丘陵に代表される台地・丘陵地が卓越する。主な流入河川は，江戸川，荒川，多摩川である。大阪は淀川の河口に位置し，周辺には大阪平野が広がるが，大阪湾に面する西側以外の三方は，標高500～1,000 mの山地に囲まれている。気候区分としては東京と大阪はともに温帯の温暖湿潤気候に属し，6月の梅雨期と9月の秋雨期に降水量が多く，11～2月の冬季は少ない。平均気温は，冬季が5～10℃程度，夏季が25℃前後である。東京の方が若干，大阪より降水量が多く気温が低い（**図1-8**）。

　朝鮮半島中西部に位置するソウルは，風水思想に基づき四方を山に囲まれた盆地に建設された都市である。旧市街地の南側を漢江が東から西へ流れるが，現在の市街地は漢江以南にも拡大している。気候区分は冷帯の冬季少雨気候に属する。降水量も気温も冬季と夏季の差が大きく，降水は7，8月の短期に集中している。夏季の平均気温は東京と同程度であるが，冬季の1月は0℃を下回る（**図1-8**）。

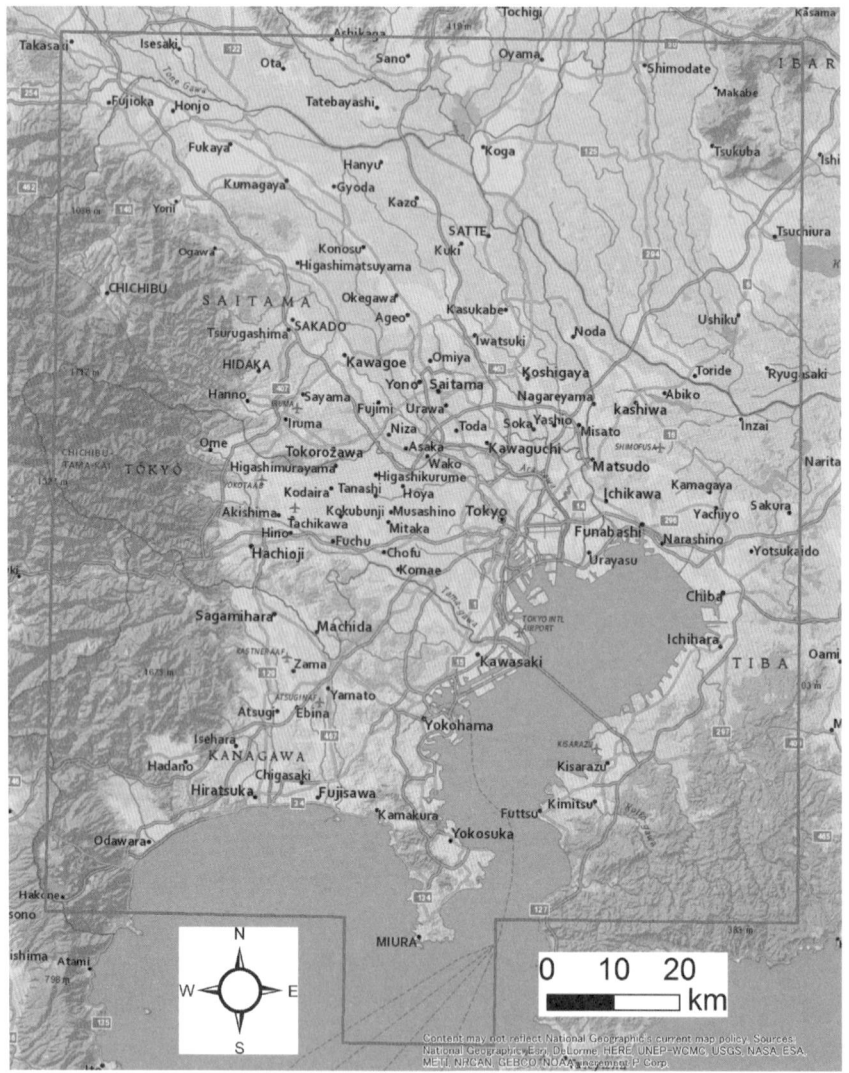

図 1-1　東京およびその周辺地域の地図

　　　　　　　図中の枠は土地利用メッシュデータ（口絵 1）の作成範囲。
　　出典：National Geographic, Esri, DeLorme, HERE, UNEP-WCMC, USGS,
　　　　　NASA, ESA, METI, NRCAN, GEBCO, NOAA, increment P Corp.

第1章 序論　3

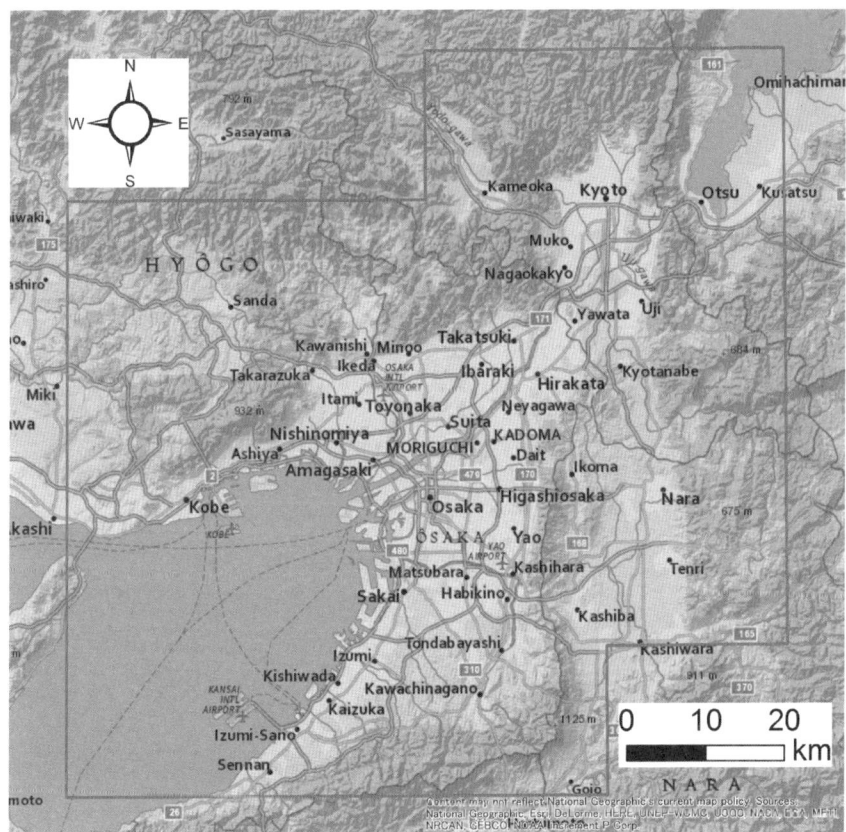

図 1-2　大阪およびその周辺地域の地図
　　　　図中の枠は土地利用メッシュデータ（口絵 2）の作成範囲。
出典：National Geographic, Esri, DeLorme, HERE, UNEP-WCMC, USGS,
　　　NASA, ESA, METI, NRCAN, GEBCO, NOAA, increment P Corp.

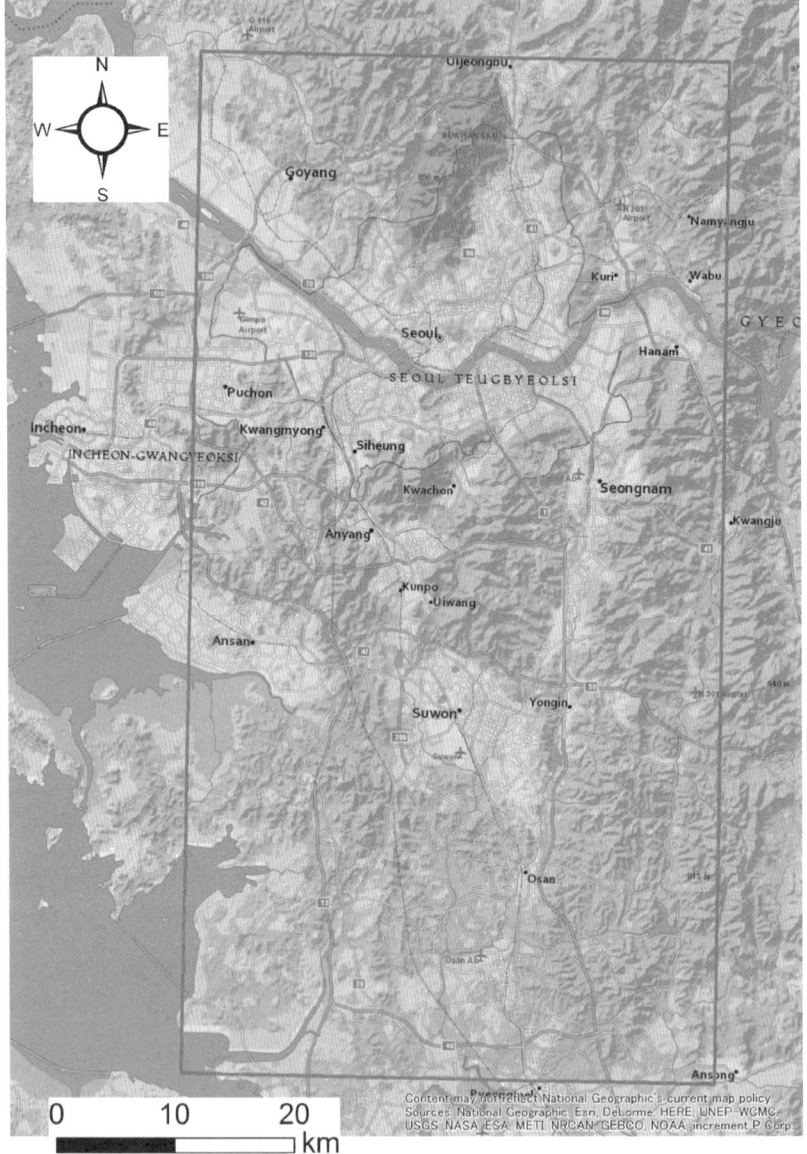

図 1-3 ソウルおよびその周辺地域の地図

図中の枠は土地利用メッシュデータ(口絵 3)の作成範囲。
出典：National Geographic, Esri, DeLorme, HERE, UNEP-WCMC, USGS,
NASA, ESA, METI, NRCAN, GEBCO, NOAA, increment P Corp.

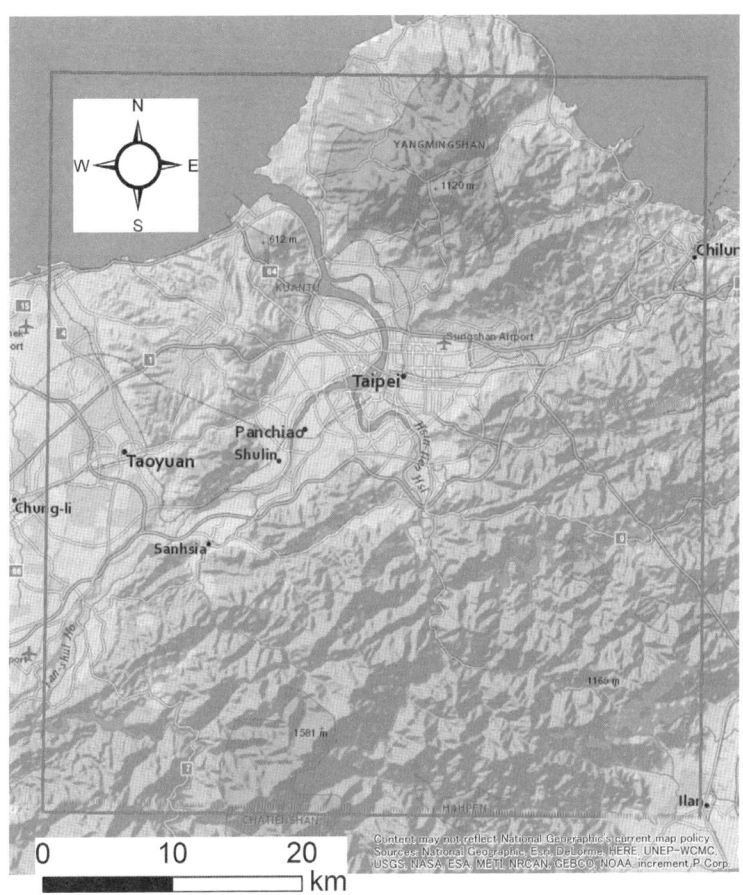

図1-4 台北およびその周辺地域の地図

図中の枠は土地利用メッシュデータ(口絵4)の作成範囲。
出典：National Geographic, Esri, DeLorme, HERE, UNEP-WCMC, USGS, NASA, ESA, METI, NRCAN, GEBCO, NOAA, increment P Corp.

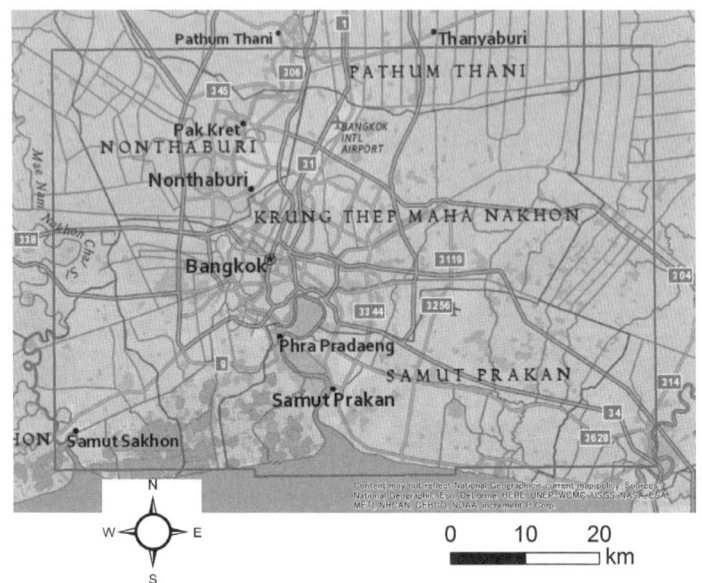

図 1-5　バンコクおよびその周辺地域の地図
図中の枠は土地利用メッシュデータ（口絵 5）の作成範囲。
出典：National Geographic, Esri, DeLorme, HERE, UNEP-WCMC, USGS, NASA, ESA, METI, NRCAN, GEBCO, NOAA, increment P Corp.

　台湾北部に位置する台北も，淡水河の河口から 15 km ほど内陸の盆地に建設された都市であるため，平野部は限られている。旧市街地の西側を淡水河が南から北へ流れるが，現在の市街地は淡水河以西にも拡大している。気候としては亜熱帯性で，夏季に高温多雨の傾向であるが，東京や大阪に比べると降水量は多く，冬季の平均気温も高い（**図 1 - 8**）。
　タイの首都バンコクは，インドシナ半島中央部，チャオプラヤ川がタイランド湾に流れ込む河口付近に形成されたデルタ地帯に位置する。バンコクとその周辺地域を含むタイ中央平原は地形の勾配が非常に小さく，雨季には洪水の常襲地域となっている。熱帯に属するバンコクは，1 年を通じて気温は 25℃ を上回るが，降水量は 5～10 月の雨季と 11～4 月の乾季で大きく異なる（**図 1 - 8**）。
　インドネシアの首都ジャカルタは，ジャワ島北西部，ジャワ海に面した沿岸

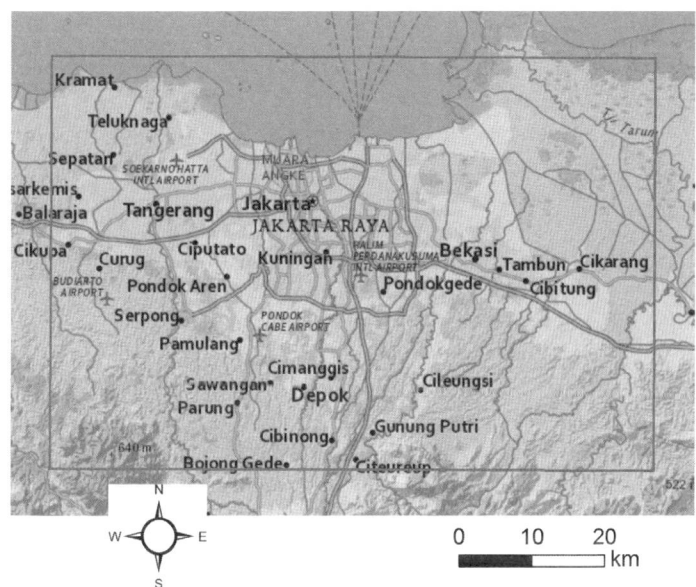

図 1-6　ジャカルタおよびその周辺地域の地図
図中の枠は土地利用メッシュデータ（口絵 6）の作成範囲。
出典：National Geographic, Esri, DeLorme, HERE, UNEP-WCMC, USGS,
NASA, ESA, METI, NRCAN, GEBCO, NOAA, increment P Corp.

の都市である。南に行くほど標高が高く山がちな地形になるが，ジャカルタとその周辺地域の大部分は，湿地性の低平地である。主にチリウン川とチサダネ川の 2 河川がジャカルタの市街地に流入している。バンコク同様熱帯に属し，気温は年中高いが，降水量はバンコクと逆であり，4～10 月が乾季，11～3 月が雨季である（**図 1 - 8**）。

　フィリピンの首都マニラは，ルソン島中部，マニラ湾に面した沿岸の都市である。北東に山地が連なる一方，市街地は，マニラ湾と南東のラグナ湖に挟まれた限られた平野部に形成されている。ラグナ湖からマニラ湾へパッシグ川が市街地を貫流している。気候区分としては熱帯モンスーン気候に属し，気温はバンコクやジャカルタと同様に年中高いが，降水量の年較差は大きく，12～4 月はきわめて少ない一方，7～10 月が多雨であり台風による暴風雨にもしばしば見舞われる（**図 1 - 8**）。

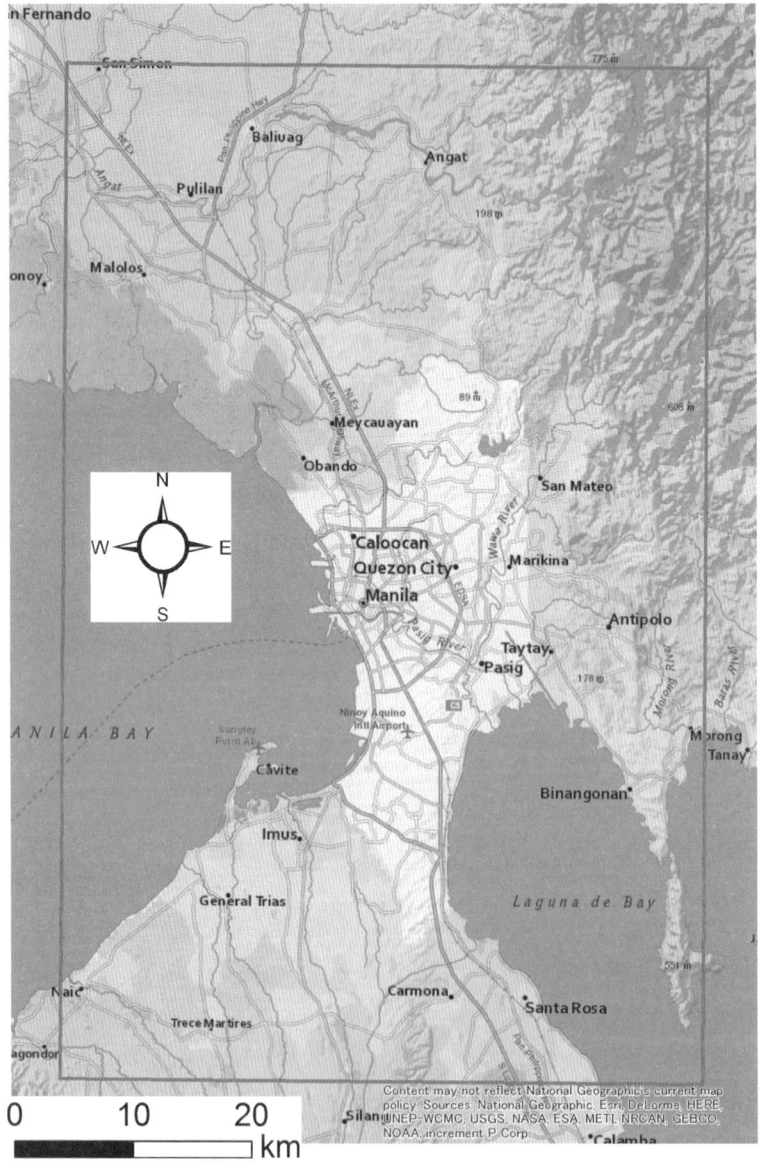

図 1-7 マニラおよびその周辺地域の地図

　　　　図中の枠は土地利用メッシュデータ（口絵 7）の作成範囲。
　　出典：National Geographic, Esri, DeLorme, HERE, UNEP-WCMC, USGS,
　　　　NASA, ESA, METI, NRCAN, GEBCO, NOAA, increment P Corp.

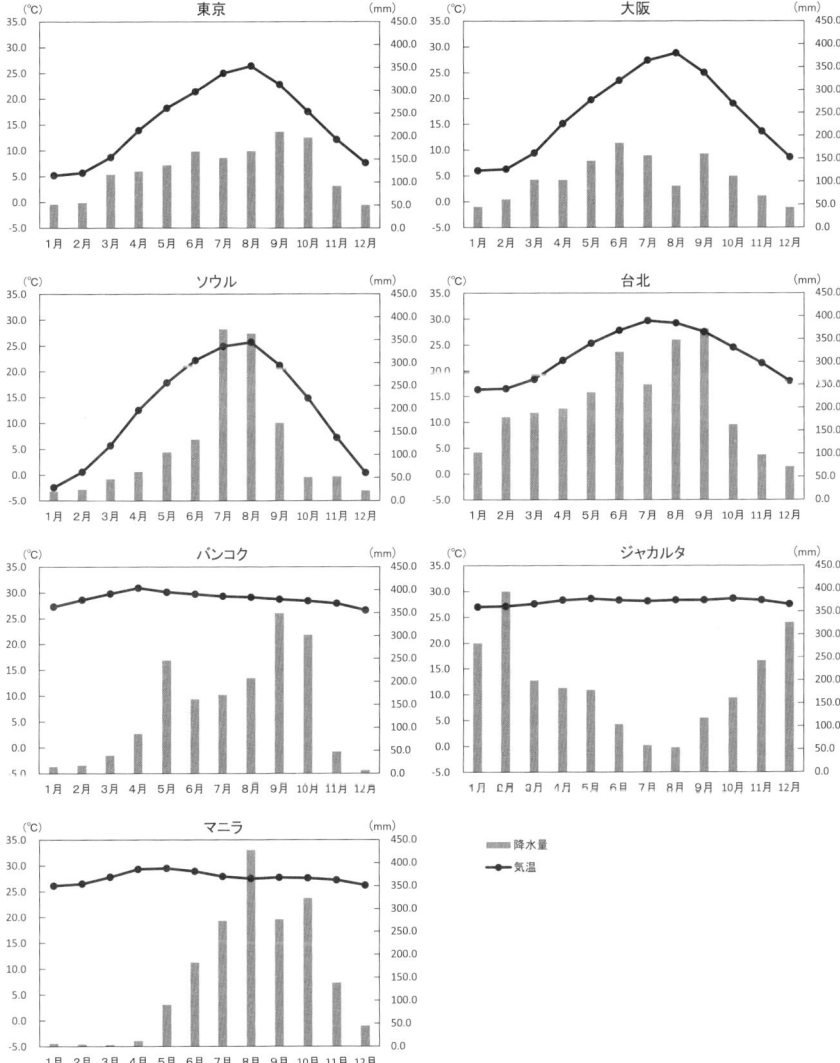

図1-8 7都市における月別平均気温と降水量の平年値（1981〜2010年）

ジャカルタの降水量はスマランのデータで代用。
気象庁のデータより作成。

2. 近代都市としての起源と発展過程

　次に，本書が対象とする7都市について，近代都市としての起源を求めて，それ以降現在までの都市の発展過程を概観する。なお，近代都市としての起源をいつに設定するかは，各都市の歴史やその国の社会・経済的環境が一様ではないために，なかなか難しい。また，そこで定めた時期の早い遅いという差は，現在の都市の発展過程とは直接関わらないこともある。そこで，例えば東京・大阪では封建期から近代期に変わる1868年を基準とした。このようにしてここでは，その国（あるいは都市）の社会・経済的環境が大きく変わり，その後都市の空間構造が変わっていく時期をもって，近代都市の起源として設定した。

　東京・大阪はすでに記したように，1868年の封建期から近代期に変わる時期を近代都市の起源とする。この時期に封建体制が崩壊し，日本資本主義，近代天皇制国家形成が始まり，日本における近代化の大変革期となった。ソウル（**写真1-1～1-3**）は，1910年の日韓併合後，名称を京城府と改められ，朝鮮総督府が置かれた。この時期を近代都市としての起源として位置づけた。台北（**写真1-4～1-6**）の場合も1895年に日本の統治が始まり，台湾総督府が置かれたこの時期に定めた。バンコク（**写真1-7～1-9**）では1932年にクーデター（無血革命）が起こり，絶対君主制から立憲君主制に変わった。この時期をもって近代都市の起源に設定した。ジャカルタ（**写真1-10～1-12**）の近代都市としての起源は，1860年代の「自由主義政策」実施時期に設定した。時期的にはほかの大都市と比較して早いように思えるが，この時期に近代都市としての施設が盛んにつくられたためこの時期とした。ジャカルタはこれまで，ポルトガル・オランダ・日本の支配を受けた歴史がある。一方，マニラ（**写真1-13～1-15**）の近代都市としての起源は，1898年のスペインからアメリカ合衆国への割譲の時期とした。

　その後の7つの都市の発展過程は，概念的には**図1-9**のように捉えることができる。まず，都市発展の空間的な核にあたる部分を基準にすると，城壁による囲郭都市（ソウル・台北・バンコク・ジャカルタ・マニラ）と，城郭をもつものの都市が城壁で囲まれていない城下町（東京・大阪）の2つのタイプに

第1章　序　論　11

写真 1-1　ソウル市街の眺望．
　　　　　遠景に山が見える
　　　　　　　　2015年3月，山下撮影．

写真 1-4　東郊の台北101展望台から
　　　　　望む台北市街
　　　　　　　　2007年9月，山下撮影．

写真 1-2　ソウル都心部の清渓広場と清渓川
　　　　　　　　2007年3月，山下撮影．

写真 1-5　歴史的なバロック風建築が並ぶ
　　　　　台北の迪化街
　　　　　　　　2007年9月，山下撮影．

写真 1-3　ソウル市街南部の南山
　　　　　　　　2015年3月，山下撮影．

写真 1-6　台北郊外の淡水河沿いの
　　　　　緑地と集合住宅
　　　　　　　　2007年9月，山下撮影．

写真 1-7　バンコク市街とチャオプラヤ川
2006 年 8 月，山下撮影。

写真 1-10　ムルデカ広場から
ジャカルタ市街を望む
2008 年 8 月，山下撮影。

写真 1-8　バンコク市街の運河沿いの住宅
2009 年 9 月，山下撮影。

写真 1-11　オランダ統治時代の面影が残る
ジャカルタ旧市街
2008 年 8 月，山下撮影。

写真 1-9　バンコク郊外の湿地帯の沼と植生
2009 年 9 月，山下撮影。

写真 1-12　ジャカルタ郊外の水田地帯．
遠景に住宅地が見える
2010 年 11 月，山下撮影。

写真 1-13　南東部のマカティからマニラ市街を望む
2008 年 3 月, 山下撮影。

写真 1-14　マニラの城郭地区イントラムロス
2008 年 3 月, 山下撮影。

写真 1-15　パッシグ川からの景観.
近景：中心部の工場跡. 遠景：郊外のオフィスビル
2008 年 3 月, 山下撮影。

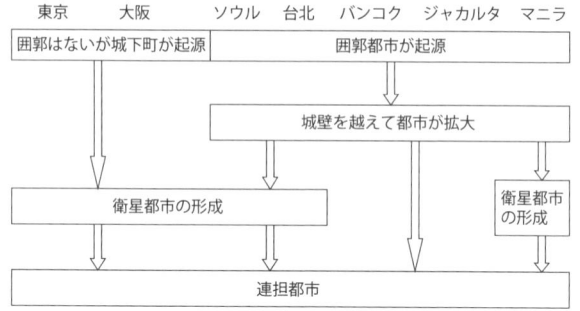

図1-9　7都市の起源と発展過程

分けることができる。前者は城壁の内部に都市が発達したもの，後者は城郭を中心とするものの城壁のような明確な境界がない地域に都市が発達したものである。両者にはこのような差異がみられる。囲郭都市は，その後城壁を越えて発展していき，多くの都市において城壁が取り払われ（マニラでは保存されているが），現在では一部の門だけが保存されている状態にある。

　周辺に衛星都市を形成してきたかどうかを基準にしても2つのタイプに分かれるが，衛星都市の形成時期は都市によって異なっている。明瞭な衛星都市を形成しなかったのはバンコクとジャカルタであり，これらの都市では既存の都市域を周辺に拡大することで発展をみた。衛星都市を形成した都市でも，その後の発展・拡大によって，いわゆる連担都市を形づくっていった。

　なおここでは，東京・大阪を除く海外5都市に関して，高所から市街地を眺望した写真と都心部の特徴的な景観写真，および市街地内の自然景観あるいは郊外の農業景観の写真を掲載したが，本書と同じ7都市を対象に，都市景観や水辺景観などについて過去のものも含めて多数の写真によって解説した書籍（谷口ほか，2011）が出版されているので，そちらも参照されたい。

3. 土地利用メッシュデータを用いた既往研究

　日本では，国土交通省が中心となって，土地利用に関するデジタルデータが整備・公開されており，比較的容易に土地利用分析を行うことが可能である。そのような研究には例えば，杉森・大森（1996）や山下（2004）などがある。しかし，これらの既存デジタルデータは，1970～1990年代を対象としたものであり，最近になって2000年以降のデータが公開されたが，1970年代より古い年次のデータはない。

　それに対して，旧版地形図を用いて過去の土地利用を復原し，現在との比較分析を行った研究として，氷見山幸夫らによる一連の研究がある（氷見山・綿木，1990；氷見山ほか，1991；氷見山・太田，1993；氷見山・本松，1994）。この研究では明治・大正期および昭和中期（1950年代）の5万分の1地形図から，日本全国2kmメッシュ単位の土地利用データを作成し，現在との比較を行っている。当時の日本の状況を知る大変貴重な資料であるが，データ作成に膨大な時間と労力を要すると推察され，このような長期の時間スケールによる土地利用変化研究は，後に続くものが少ないのが現状である。

　とはいえ，日本の諸地域を対象として，土地利用メッシュデータを自作し時系列的な変化を分析した研究には以下のようなものが挙げられる。王尾ほか（2006）や王尾（2008）は，北関東の那珂川，霞ヶ浦，鬼怒川，小貝川の4流域を対象に，明治期の5万分の1地形図から250mメッシュの土地利用データを作成し，標高や河川からの距離等の自然的条件との関係解析を行っている。池見ほか（2008）は，1900年代と1950年代の5万分の1地形図から，福岡県全域の100mメッシュ土地利用データを作成し，時系列的変化を分析している。堤（2008）は，別府湾沿岸地域を対象に，1903年と1950年の250mメッシュ土地利用データを作成し，明治期から現代に至る約100年間の変化を分析している。

　一方，海外の諸都市に目を向けると，LandsatやMODISなどの人工衛星画像から土地利用を判読したデータセットはみられるが（例えば，吉野・石岡，2006など），衛星画像は1970年代までしか遡ることができず，それより古い

ものは存在しない。氷見山らは中国の旧版地形図から土地利用の復原を試みているが（氷見山ほか，1995；1997；1998；1999），本書が対象とする海外5都市について，50～100年という時間スケールで土地利用を復原した研究はみられない。また，各国の政府機関が，土地利用に関するデジタルデータを整備し公開している事例もあるが，各国独自の作成基準や凡例区分で作成されているため，土地利用変化と地形・大気・水環境との関係に関する都市間比較を行うという本書の趣旨からすると，安易にそのまま使えるものとはいいがたい。

4. 本書のねらいと構成

　上記の既往研究のいくつかでも行われているが，土地利用の状況をGISで利用可能なデジタルメッシュデータとして整備することの利点は，同様にメッシュ形式で整備されているほかのさまざまなデジタルデータと重ね合わせてその空間的相互関係を解析できるところにある。また，土地利用条件をパラメータとした数値シミュレーションによって，自然環境の動態を空間的に把握できる点も，このようなデータセットの大きな利点である。しかしながら上述のように，時系列的にそのような解析を行った研究の大半は，人工衛星画像が利用可能な1970年代以降に限られ，都市化の初期の段階あるいは本格的な都市化が始まる以前からの，土地利用変化や環境動態を解析した研究は皆無に等しい。さらに発展段階の異なる複数の都市を対象に比較分析した研究もほとんどない。

　そこで本書では，20世紀の100年という時間スケールで，発展過程や発展段階の異なるアジアの7都市を主な対象とし，土地利用という指標を通して都市化と地形・大気・水環境といった自然環境との関係を時空間的に分析することで，有史以来最も急激な都市化を果たしたこの世紀がもたらした環境変化について整理する。そして，先発的に発展した都市のたどった履歴を踏まえながら，後発の発展途上地域における今後の都市発展や環境保全，土地利用計画のあり方について考察する。

　本書はまず，アジアの7都市における都市化の進展と，それによって引き起こされる種々の都市環境問題についての都市間比較を行う指標としての，土地

利用メッシュデータを作成する（第2章）。その際，7都市における，20世紀初頭，20世紀半ば，2000年頃の3時期を主な対象とした（一部の章では，札幌あるいはジャカルタ市街へ流入するチリウン・チサダネ川流域全体も対象としている）。そして，対象都市の土地利用分布とその時系列的変化について比較分析することで，都市の発展段階にみられる相違を理解する（第3章）。その上で第4章以降では，土地利用変化と自然環境との関係がさまざまな角度から分析・考察される。まず「土地利用変化と地形環境」として，大都市の土地利用分布と土地利用変化を，標高や傾斜といった地形条件との関係において考察する。具体的には，日本の3都市（第4章）および海外の3都市（第5章）について比較分析する。次に「土地利用変化と大気環境」として，都市化の進展に伴う土地利用変化が都市の地表面温度や地下温度に与えた影響について比較分析する（第6，7章）。次に「土地利用変化と水環境」として，都市発展に伴い顕在化した種々の水環境問題とそれらへの対応について比較考察し（第8章），地下水汚染の事例として窒素負荷について詳しく分析する（第9章）。そして最後に結論として，7都市の土地利用変化と自然環境の変化を，発展過程や発展段階の違いを踏まえながら総括的・相対的に整理して示す（第10章）。

（山下亜紀郎・吉越昭久）

参考文献

池見洋明・江崎哲郎・三谷泰浩・マリサ メイ リン・石松裕一郎・松木洋忠 2008．過去100年間の100 mメッシュ土地利用図作成とGIS分析．地理情報システム学会講演論文集 17：57-60．

王尾和寿 2008．流域圏における水系を視点とした景観特性の分析―那珂川，霞ヶ浦，鬼怒川，小貝川の各流域を事例として―．地学雑誌 117：534-552．

王尾和寿・桑原祐史・村山祐司 2006．地形および河川からの距離に着目した景観変化の解析．地理情報システム学会講演論文集 15：463-466．

杉森啓明・大森博雄 1996．土地利用データによる多摩川中下流域の景観動態の把握．GIS―理論と応用 4(2)：51-62．

谷口真人・谷口智雅・豊田知世編著 2011．『アジア巨大都市―都市景観と水・地下環境』神泉社．

堤 純 2008．別府湾沿岸域における土地利用変化―GISによる250 mメッシュ分析―．地理情報システム学会講演論文集 17：53-56．

氷見山幸夫・伊藤啓之・菊地隆明・本間寿豪 1995. 1930 年代の中国東北部の土地利用. 北海道教育大学大雪山自然教育研究施設研究報告 30：25-35.
氷見山幸夫・岩上　恵・井上笑子 1991. 明治後期—大正前期の土地利用の復原. 北海道教育大学大雪山自然教育研究施設研究報告 26：55-63.
氷見山幸夫・岩本清海・渡辺絵美 1999. 1910 年頃～ 1980 年頃の中国華北平原南部の土地利用. 北海道教育大学大雪山自然教育研究施設研究報告 33：9-18.
氷見山幸夫・太田伸裕 1993. 大正期～現代の北海道の土地利用変化. 北海道教育大学大雪山自然教育研究施設研究報告 28：1-13.
氷見山幸夫・鈴木聡美・早川亜友巳 1998. 中国華北平原南部における 20 世紀前期の土地利用の復原. 北海道教育大学大雪山自然教育研究施設研究報告 32：13-22.
氷見山幸夫・藤沢雅樹・宮腰唯導 1997. 1980 年頃の中国東北部の土地利用. 北海道教育大学大雪山自然教育研究施設研究報告 31：13-23.
氷見山幸夫・本松宏章 1994. 明治・大正期～現代の東北地方の土地利用変化. 北海道教育大学大雪山自然教育研究施設研究報告 29：1-16.
氷見山幸夫・綿木尚弘 1990. 大正期の北海道の土地利用の復原. 北海道教育大学大雪山自然教育研究施設研究報告 25：25-34.
山下亜紀郎 2004. 日本の主要流域における土地利用特性とその地域差. 地理情報システム学会講演論文集 13：79-82.
吉野邦彦・石岡義則 2006. インドネシア・チダナウ流域の近年の土地利用変化と流域環境保全. 農業土木学会論文集 243：95-100.

第2章　土地利用メッシュデータの作成

1. はじめに

　本章では，本書の分析の基礎データとなる，土地利用メッシュデータ（**口絵1〜7**）の作成基準と作成方法について解説する。特に後半では，海外の官製地図や旧版地図から土地利用を判読する上での問題点とその対応について詳述する。なぜなら，その対応策は著者らによる独自のものであり，科学的な普遍性をもつものとは必ずしもいえないからである。したがって，土地利用メッシュデータを作成する過程において，土地利用判読上で生じたさまざまな問題点に関し，どのような根拠で土地利用を推定したのかについてその詳細を公表しておくことは，作成されたデータの信頼性にとって重要なことである。

2. 作成基準

　本書の意図である土地利用の都市間および年代間比較を行うためには，できるだけ同じ基準と手順で土地利用メッシュデータを作成する必要がある。その際，まず最初に問題となるのが基図としての官製地図の縮尺である。日本の地形図（地勢図）の縮尺は，「2万5千分の1」，「5万分の1」，「20万分の1」の3種だが，海外の官製地図も必ずしもそうであるとは限らない。この観点から海外5都市の官製地図刊行状況を調べた結果，5万分の1の縮尺ならば5都市のうち4都市で刊行されていることが判明したので，できるだけこの縮尺で各都市各時期の地図を揃えることにした。ただし，ジャカルタの2000年頃に関しては，2万5千分の1の縮尺のものしか刊行されていないので，それで代用した。

次に研究対象とする各都市の空間的な範囲について検討した。都市圏という用語の定義は，その尺度とするものによって多様であるが，本書では土地利用を分析するという観点から対象範囲を画定した。すなわち各都市の都心からみて市街地が連担している範囲（都市域）をすべて包含しながら，通勤等の人の移動による結びつきも考慮しつつ，それよりは広い地域を対象とし，収集した官製地図の図幅全体についてデータを作成した（原則として本書では，このデータの作成範囲を指して，「東京圏」，「大阪圏」のように，都市名の後に「圏」を付けて表記する）。具体的なデータ作成範囲は第1章の図1-1～1-7に示した通りであるが，官製地図の枚数としては，2000年頃を例に挙げると，東京圏36，大阪圏17，ソウル圏6，台北圏4，バンコク圏6，ジャカルタ圏24（ただし縮尺は2万5千分の1），マニラ圏6枚分にそれぞれ相当する。時間軸上の範囲としては，およそ100年程度のスケールで捉えているが，基図とする5万分の1旧版地図を，対象とする図幅すべてについてほぼ同じ作成年代で揃えうるかどうかという点と，氷見山らの先行研究（第1章を参照）と重複しないという点から，古いものとして1920～1930年代頃を採用した。そして現在（2000年頃）と，それらの中間として1960～1970年代頃の計3時期を取り上げた。

3番目に，データの空間的単位となるメッシュサイズについて検討した。日本全国を対象とした氷見山らの研究では，2kmメッシュを採用している。しかし，本書は都市圏のみを対象としているので，それより細かい方が望ましい。王尾（2008）は北関東を対象に，4分の1分割地域メッシュ（250mメッシュ）を採用しているが，これと同じサイズを用いると，データの作成に非常に多くの時間と労力を費さなければならないことが予想される。つまり，研究対象地域の空間スケールに対して，データとして大まかな土地利用の分布や変化しか把握できないのでは望ましくないし，一方で細かすぎてもデータ作成にかかる負担が大きすぎる。このことを考慮し，本書では2分の1分割地域メッシュ（500mメッシュ）を採用することとした。

最後に検討したのは，土地利用項目をどのように区分するかである。土地利用項目としては，日本の既存の土地利用メッシュデータである「国土数値情報土地利用メッシュ」の11区分や「細密数値情報」の16区分を参考としながら，

細かい分類項目は設定せず少なく区分することに努めた．その理由は，各都市，各時期において土地利用を比較分析するためには，同じ分類項目で各都市，各時期のデータを作成しなければならないが，そのためには，どの都市，時期の地図からも判読可能な分類項目に絞る必要があるからである．一方で本書は，土地利用分布の分析から，各都市における都市化の時空間的特性を相対的に考察することを意図している．都市化を土地利用の観点から述べる際には，森林や草地などの自然緑地と農地としての生産緑地，公園等の施設緑地および宅地（市街地）の区分を明確にしておくことは不可欠である．また対象都市の多くは，大河川沿いの水の豊かな場所に立地していることから，水域の分布を捉えるのも重要である．これらのことを総合的に考慮し，本書では以下に示す9つの土地利用項目を採用した．それらは，1．森林（針葉樹，広葉樹，竹林），2．草原・荒地（公園，人工緑地，ゴルフ場を含む），3．田，4．その他農地（畑，果樹園，牧草地），5．工業用地，6．宅地（工業用地以外の都市的土地利用），7．水域・湿地，8．その他（造成地，未利用地など），9．海である．

3．作成方法

　以上のような統一基準を設定した上で，実際のデータ作成にとりかかった．
　本書では，緯度経度の間隔（一辺の長さ）が，日本における昭和48年7月12日行政管理庁告示第143号に基づく2分の1分割地域メッシュと同一の基準でデータを作成した．したがって各メッシュのコード番号もこれと同一の9桁の番号を付することとした．ジャカルタに関しては，緯度は北緯ではなく南緯であるが，他都市との重複も含め，コード番号を付す上での支障はなかった．
　手順としてはまずはじめに，上記のコード番号だけを属性情報としてもつ空メッシュファイル（シェープ形式）を作成した．これには昭文社デジタルソリューション社のNIGMASXおよびESRI社のArcGIS，Microsoft社のAccessを用いた．空メッシュファイルの作成方法は，以下の通りである．
　最初に各都市の対象範囲の緯度経度を地図から読み取り，該当する3次メッシュ（標準地域メッシュ）までのメッシュ番号を洗い出し，NIGMASX上でメッシュ番号よりメッシュを作成する機能を利用し，3次メッシュを作成した．次

に，作成した3次メッシュのデータを NIGMASX 上でスペース区切りの BMA というファイル形式に変換し，さらにテキストエディタを用いて CSV 形式に変換後，Access に取り込んだ．Access 上で，取り込んだ3次メッシュの座標を4分割して2分の1分割地域メッシュにするクエリを作成し，CSV 形式で出力し BMA 形式に変換後，再び NIGMASX に読み込んで，空の属性項目を付与し，空メッシュファイルとしてポリゴンタイプのシェープ形式に変換した．そして ArcGIS を用いて投影法を WGS84 として定義した．

次に，各都市各時期の官製地図を Tiff 形式のファイルとしてスキャナーで取り込んだ．それぞれの地図画像に対して，NIGMASX を用いて内図郭4点（左下，左上，右下，右上）に緯度経度を付与し，幾何補正を行い，ワールドファイル（.tfw）も別途作成し座標情報を格納した．そして，ArcGIS 上にて，幾何補正を行った地図画像およびワールドファイルを読み込み，投影法を WGS84 として定義した．

そして最後に，空メッシュファイルと地図画像を ArcGIS 上で重ね合わせ，上記9つの土地利用項目から各メッシュ内で面積的に最も卓越するものを目視により判読し，属性情報としてメッシュファイルに入力した．

ただし，海外の都市については，基図の精度や地図記号の定義の違いなどから，この9項目でさえ分類が非常に困難な箇所が散見され，それらのデータの信頼性については，今後検証する必要があることは否めない．その分類困難箇所の対処法については，詳しく後述するが，いずれにしろそのような事情から，基データとしては9項目に分類してはいるものの，各章の分析においては，前述の1．森林と2．草原・荒地を合わせ「自然緑地」，3．田と4．その他農地を合わせ「農地」，5．工業用地と6．宅地を合わせ「市街地」，それ以外を「その他」とした4分類に統合して用いている場合もある．

4．土地利用判読上の問題点とその対応

本書ではできるだけ同じ基準と手順で各都市各時期の土地利用メッシュデータを作成することを目指している．しかしながら，そもそもの基図としての各都市各時期の官製地図の書式が同じではなく不統一であるという事実は如何様

にもしがたい。したがって，作成者がそれぞれの地図に書かれている情報（地図記号や注記）を頼りに土地利用を判読していく上で，各都市各時期の地図の書式に応じた独自の土地利用判読の根拠がそれぞれ必要になる。具体的に本書では，9つの分類項目からなる土地利用メッシュデータの作成を試みたが，その際に，地図上のすべての範囲が，それら9つの土地利用項目のいずれかに必ずしも明確に分類されない（できない）ケースが往々にしてあった。例を挙げると，地図中に何の地図記号も説明もない空白地域があるケースや，何らかの地図記号はあっても凡例にその意味が記載されていないケースなどである。作成したデータの科学的客観性を担保する上では，これらのケースに該当する箇所をすべて「土地利用不明」として放置することも考えられたが，本書では都市発展の過程やほかの指標との関係を解析するための基礎データとして，「不明」という結論は極力避け，ほかの地図資料や他都市他時期の事例，不明箇所の周囲の土地利用状況などから推定するように努めた。以下に，個々の問題点とその対応について詳しく列記する。

4.1. 日本の都市の事例

日本の都市の土地利用判読に用いたのは，国土地理院が発行する5万分の1地形図の1930年頃（図幅によって発行年が若干異なる），1970年頃，2001年のものである。日本の地図に関しては，他都市に比べて問題点は少なかったが，以下の2点を指摘できる。

まず1点目は，地図中に記号がない空白地域であるが，2001年の地図については，基本的に地図中のすべての範囲が何らかの地図記号なり文字情報で網羅されており，空白地域は文字通り未だ土地が利用されていない造成途中の未利用地として「その他」に分類した。そのような地域は，臨海部や海上の埋立地に多くみられた。一方，旧版地図になると，畑の地図記号が存在しないため，空白地域が上記のような未利用地・造成地なのか畑なのかは独自に判断しなければならなかった。

その判断基準は以下の通りである。まず臨海部や海上にあって海岸線が直線的な箇所は造成途中の未利用地として「その他」とした。次に内陸にある地域で，市街地内に存在するものも造成中の土地として「その他」とした。最後に

内陸の市街地外にあるものは，集落に近接していたり，空白地域内に道が通っていたりするなど，明らかに人間の生活圏内にあると判断されたものを畑として「その他農地」，それ以外のものを「その他」とした。また，河川の堤外地の多くも空白地域であり，畑として利用されていた可能性は否定できないが，ほかの箇所との基準の統一を図るために，堤外地の空白地域は一律「その他」とした。最終的には，空白地域の多くが畑として「その他農地」と判読された。

2点目は，皇居や御所のような歴史的に機能が変化してきた広大な敷地についてであるが，まず1930年頃の地図において，おそらく軍事上の理由と思われるが，記載の秘匿されている箇所がある。そのような秘匿箇所については軍用地とみなし「宅地」に分類した。それ以外の箇所については，1つの敷地であるからといって一律に判読せず，敷地内の地図記号に基づき，庭園・公園として利用されている箇所は「草原・荒地」，建物のある箇所は「宅地」，樹木の地図記号がみられれば「森林」という具合に個別に判読した。

4.2. ソウルの事例

(1) 2000年頃の地図

ソウルの2000年頃の地図としては，2006年に発行された官製地図を利用した。一部の地図記号については異なるものもあったが，概して日本の地図に類似していた。しかしながら，韓国で一般に頒布されている官製地図は，都市部や農地等の人間の生活圏に関わる情報は網羅されているものの，森林に関する情報が記載されていない。したがって，山間部の大半が，等高線だけで地図記号の記載のない空白地域である。一方，日本の地図と同様に，都市部の未利用地，造成地も空白地域である。

森林か未利用地，造成地かの判断であるが，等高線がある程度密に描かれている山間地域については，Googleの地図サイトで空中写真によっていくつか確認したところ，いずれも森林であったので，等高線の密な傾斜地はすべて「森林」とした。それ以外の市街地内の等高線の疎な平坦地は「その他」とした。

(2) 1960〜1970年代頃の地図

この年代の地図は，韓国で作成，発行されたものであるが，アジア経済研究所など日本国内の所蔵機関において閲覧・複写が可能である。対象範囲の図幅

は，収集上の制約から1963年発行のものと1970年発行のものの2種類からなっている。これらは日本の地図とは地図記号等の書式が異なっており，2000年頃の地図と同様，主に都市計画を目的として作成されていると考えられ，都市部の情報は網羅的であるが，非都市部に多くの空白地域が存在する。また，凡例の地図記号一覧と，図中の記号とに不一致がみられ，土地利用の判読を困難にした。以下にそれらの詳細を示す。

　凡例の地図記号一覧には記載されているが，図中にそのような記号がみられないものとしては，湿地，ハイマツ，針葉樹，広葉樹，果樹園，桑畑，草地，荒地などがある。しかしながら，これらの土地利用が対象地域内に全く存在しないとは考えられない。一方で，図中に地図記号のない空白地域が多々存在することから，何らかの理由でこれらの土地利用の情報が省略されていると考えられ，図中の空白地域はこれらのうちのいずれかに該当するものと思われる。その判読基準であるが基本的にはまず，2000年頃の土地利用と，後述の1920～1930年代頃の土地利用との比較において決定した。すなわち，等高線の密な傾斜地については，2000年頃と同様に「森林」とした。それ以外の空白地域に関しては，1920～1930年代頃の地図と見比べ，宅地造成等の大規模な改変が行われていなければ，1920～1930年代頃の土地利用から変化していないとみなした。一方，両時期の地図から明らかに土地形状や道路網に違いがみられ，宅地に隣接しているような箇所は，宅地造成中として「その他」に分類した。

　また，上記とは逆に，図中にみられる表記が凡例に示されていないケースも散見された。それらのうち，道路網がある程度密で，グレーに塗られている地域は，市街地として「宅地」に分類した。これは現在の日本の地図とも共通する表記である。また，河川の中州や堤外地にみられた細かいドットの表記は，1920～1930年代頃の地図にもみられたが，いずれの場合も河川沿いの砂礫地と判断し，「草原・荒地」に分類した。

(3) 1920～1930年代頃の地図

　ソウルの1920～1930年代頃の地図としては，当時の日本によって作成された外邦図を利用したが，収集上の制約から図幅によって発行年に約10年のばらつきが生じた。したがって，図幅の境界で，発行年の違いに起因して土地利用が不連続になる箇所があったが，独自の調整はせず，各図幅の地図記号の通り

に判読した。

　外邦図の地図記号は，基本的に日本の同時期の地図と同様である。したがって，前項で述べた日本の旧版地図と同様の空白地域の問題があったが，日本の事例と同様の判断基準によった。その結果，多くの空白地域は畑として「その他農地」と判読された。しかしながら，河川の中州や堤外地には，1960年代の地図にみられたような細かいドット表記に隣接する，あるいは囲まれている空白地域がみられた。これらについては1960年代の地図や後述の台北の1920～1930年代頃の地図との整合性という観点から，砂礫地に含まれるものとして「草原・荒地」とした。

4.3. 台北の事例

(1) 2000年頃の地図

　台北の2000年頃の地図としては，2003年に発行されたものを利用した。この年代の地図はカラー刷りであり地図記号も詳細かつ明確で空白地域も存在せず，特に土地利用を判読する上で問題となることはなかった。

(2) 1960～1970年代頃の地図

　この頃の台北の官製地図としては，アメリカ軍によって1956年に発行されたものの完成度が高いことからこれを用いた。

　この地図には，「草原・荒地」に該当する地図記号が存在しない一方で，図中に地図記号のない空白地域が散見された。空白地域は一部，市街地内の造成地として「その他」に分類したものもあるが，その大半は，市街地でもなく農地でもない開発の及んでいない地域であり，かつ森林でもない地域として「草原・荒地」に分類した。

(3) 1920～1930年代頃の地図

　台北に関しても，この時代の地図としては外邦図があるため，それを利用した。ただし，地図記号一覧としての凡例が欠落していたので，日本や韓国の同時期の地図と同様とみなした。したがって，図中の空白地域の判読根拠も，河川の中州や堤外地の砂礫地も含め，ソウルの同時期の地図と同様とした。

　また，台北のこの時代の地図には，明らかに意図的に地図情報が秘匿され空白になっている箇所がみられた。この地域については，土地利用が全く不明の

第2章　土地利用メッシュデータの作成　　**27**

箇所であり,「その他」も含め9つの土地利用項目のいずれにも分類できなかった。

4.4. バンコクの事例
(1) 2000年頃の地図

バンコクの2000年頃の地図はカラー図版として発行されており，非常に見やすい。地図記号も充実しており，凡例と地図中の表記との間の齟齬もなく地図としての完成度は高い。地図記号なしの空白地域も，当時建設中であった新空港（現存のスワンナプーム国際空港）の箇所などいくつか散見されるのみで，それらはいずれも造成中の土地として「その他」に分類した。

(2) 1960～1970年代頃の地図

バンコクのこの頃の地図としては，1950年代に発行されたものを用いた。対象地域は全15図幅からなるが，図幅によって大きく2通りの凡例（地図記号の定義）が存在した。また，手書きの図幅もあり，地図記号が互いに類似している項目について，識別が困難なものもあった。さらに，同じ土地利用項目であっても，複数の地図表記が存在していた。そのうち土地利用項目を決定する上で検討を要したのは農地に関するものであった。農地に関連する表記は，A：斜線の耕作地表記の上にココナツなどの樹種や畑の地図記号が記載されているもの，B：耕作地表記がなく畑の地図記号のみが記載されているもの，C：耕作地表記がなく砂糖ヤシや果樹を示す樹種記号のみが記載されているものの3通りがあった。このうちAとBは明らかに「その他農地」に分類されるが，Cについては，このような樹種が自生している森林なのか，商品作物として植えられている農地なのかは直接区別できなかった。しかし，このような箇所の大半も，周囲に建物があったり道路が通っていたりするため，自然の森林ではなく，人間によって管理された樹園地であると判断し，「その他農地」に分類した。

また，地図中に何の記載もない空白地域も散見されたが，後述のマニラの地図と異なり，バンコクの地図は市街地において建物の情報が細かく記載されている。したがって，周囲の土地利用が農地や自然的土地利用で，道路が通っていない箇所は「草原・荒地」，市街地に隣接し道路がある程度通っている箇所

は，造成中の土地として「その他」にそれぞれ分類した。

　一方，凡例の一覧に説明がない密な斜線が引かれた箇所は，道路沿いに多くみられたことから，建物密集地として「宅地」とした。

(3) 1920〜1930年代頃の地図

　この頃のバンコクの官製地図としては，1913年にタイで作成された「バンコク首都圏地図」を入手することができた。古い地図ということもあり，手書きで印刷の不明瞭な箇所も見受けられた。一方，地図記号に関する説明（凡例）は付いていなかったものの，地図中に直接，文字情報として土地利用や森林の樹種，草地の状態などに関する注記が豊富に書かれていた。したがって，他都市・他時期の地図記号を参考にしつつも，基本的には注記の文字情報に準拠して，そこに書かれた地図記号の意味を解釈していった。そして，地図記号のみで注記のない箇所における土地利用を特定していった。しかしながら同一図幅内において，地図記号は同じであっても注記が異なる場合があった。その際は注記の内容を優先して土地利用を判読し，地図記号のみの箇所はより多くみられる方の注記の内容に準拠した。一方，異なる図幅間で，注記は同じであっても地図記号が異なる場合もあった。その際は図幅によって異なる地図記号が用いられていると判断し，注記の内容に従って土地利用を判読した。

　以上のような基本的方針に基づいて土地利用の分類作業を行っていったが，以下のような場合において，どのように土地利用を判読すべきか検討を要した。

　まず水田に関連するものとしては，注記として「水田または低草地・林」という複数の土地利用を示唆するものがあった。また，水田の地図記号と樹木の地図記号が混在する箇所もみられた。これらについては，水田地帯にまばらに樹木が生えていると想定した。あるいは，雨季と乾季で土地利用が異なる可能性も考えられる。現在のチャオプラヤ川流域では灌漑設備が整備されているので，年間を通じて稲作が行われているが，当時は天水灌漑によって雨季にしか行われていなかった可能性がある。いずれにしろこれらは推測の域を出ないものの，水田に関する記載のある箇所はすべて「田」に分類することにした。

　次に樹木に関する注記については，具体的な樹種が記載されている場合，マングローブなどの湿地性のものは「水域・湿地」，それ以外は「森林」と判読した。樹種は不明であるが「密林」，「雑木林」，「低草地・林」など林に関する

記載はすべて「森林」とした。

　草地に関連する注記としては「空地」,「草丘陵地」,「野原」,「廃田」が挙げられる。これらの注記がみられる箇所はすべて「草原・荒地」に分類した。

　地図中に何の記載もない空白地域も見受けられたが,バンコクの中心部に近く,建物記号が周辺に多く,道路網がある程度密な箇所は「宅地」とし,それ以外の箇所は周囲で卓越する土地利用に準拠することとした。

4.5. ジャカルタの事例
(1) 2000年頃の地図

　本書では基図とする官製地図の縮尺を5万分の1に統一しているが,近年のインドネシアの官製地図では,ジャカルタを含むジャワ島は縮尺2万5千分の1で作成されており,5万分の1の地図が存在しない。したがって,2000年頃のジャカルタに関しては縮尺2万5千分の1の地図を使用せざるをえなかった。対象地域は全24図幅からなり,その発行年次は1996～1999年であるが,1図幅のみ1990年のものがあった。したがって,この図幅と隣接する図幅との間で,土地利用の境界が不連続となる箇所があったが,地図の記載通りそのまま判読した。また,この図幅のみ,ほかの図幅と農地の表記が異なっていた。

　地図はカラー図版で土地利用の境界も明確であったので,判読する上で大きな苦労はなかったが,留意した点を以下に挙げる。まず建物記号についてであるが,白地の箇所に記号が密集している場合は「宅地」とした。ただし,そのうち工場の地図記号がみられる箇所は「工業用地」とした。一方,農地等を示す彩色が施された箇所については,建物記号がある程度描かれていても,彩色が示す土地利用を優先させた。次に,墓地が面積的に卓越するメッシュがあったが,墓地は土地被覆が宅地（舗装面）とも土や草地（未舗装面）とも判断が付かないので「その他」とした。

(2) 1960～1970年代頃の地図

　ジャカルタのこの頃の地図としては,1960年代にアメリカ軍によって作成・発行されたものを用いた。地図の劣化が進行しており,印刷がかすれて地図記号が見にくい箇所や,変色していてグレースケールの凡例が識別しにくい箇所が多々あって判読に難を要した。また,図幅によって図中に地図記号が網羅さ

れているものと，明らかに省略されて空白地域の多いものとがあった。したがって，それらの図幅の境界で地図記号が突然なくなるという場合も生じたが，その際は地図記号がある方の図幅に準拠し，ない方の図幅の空白地域の土地利用を推定した。

上記のような記載の省略や地図の劣化という理由からどうしても土地利用を判読できない空白地域については，1920～1930年代頃および2000年頃の土地利用を参考にしつつも，基本的には1920～1930年代頃の地図から大きな変化がみられない箇所は，1920～1930年代頃の土地利用と同じとみなした。一方，市街地に近く道路が新たに増えている箇所は，宅地造成中として「その他」に分類した。逆に1920～1930年代頃は農地であったが，周囲も含め道路が減っているのが明らかな箇所は耕作が放棄されたとして「草原・荒地」に分類した。

(3) 1920～1930年代頃の地図

ジャカルタのこの頃の地図としては，1943年に発行された外邦図を用いた。前述の1960年代の地図に比べると，カラー図版であり地図記号も日本の地図に近いので，土地利用の判読は比較的しやすかった。しかしながら以下のような問題点があった。

まず1960年代と同様，図中に地図記号が網羅されている図幅とそうでない図幅があり，それらの図幅の境界で地図記号が突然なくなる場合があったが，その際は地図記号がある方の土地利用に，ない方の土地利用を合わせることにした。

次に，ヤシの木など樹木を表す地図記号は，自生しているものと商品作物として栽培されているものとの区別がなかった。したがって次のような判読基準を設定した。農園界の記号に囲まれている箇所，および明確に区画整理された道路に囲まれた箇所とその周囲については，商品作物として栽培されている樹木とみなし「その他農地」とした。そしてそれ以外の箇所については，自生しているものとして「森林」に分類した。

次に，図中に地図記号のない空白地域についてであるが，凡例の一覧をみると，畑および荒地の地図記号がないので，このいずれかに該当すると思われる。その判読根拠としては，これまでの他都市・他時期に倣い，集落に近接し道路

が整備されている箇所，および農園界の記号に囲まれた箇所は「その他農地」，それ以外の周囲に樹木や田が卓越し道路がない箇所は「草原・荒地」とした。また，白地に建物記号のみが描かれている箇所も見受けられたが，市街地や集落に近く，ある程度多くの建物があれば「宅地」，市街地から遠く建物がまばらで，周囲に樹木の地図記号があれば「森林」，同じく市街地から遠く建物がまばらであっても，周囲に地図記号がなければ「宅地」とした。

4.6. マニラの事例
(1) 2000 年頃の地図

マニラの 2000 年頃の地図としては，2008 年 3 月の時点で入手できた最新の図幅を利用したが，対象地域の 6 図幅の発行年は，1995 年が 1 枚，2001 年が 3 枚，2003 年が 1 枚，2005 年が 1 枚であった。この程度の年次のばらつきは，他都市・他時期の事例にもみられることではあるが，マニラの地図において問題となったのは，このわずかな年次の違いにもかかわらず，地図の凡例が 3 通り存在し，図幅によって地図記号として記載されている情報に離齬があった点である。土地利用の判読は，原則として各図幅の地図記号に従って行うことにしたので，そのために図幅の境界で土地利用が不連続に変化する箇所が生じることになった。

また，マニラの地図では，道路のみが描かれ周囲の土地利用に関する情報が記載されていない空白地域が多々みられた。これらの空白地域に関しては，道路の密度および Google の地図サイトの衛星画像を参照しながら，周囲の地図記号に倣う形で，「宅地」または「草原・荒地」と判読した。マニラ湾沿いの河川や干潟，養殖池の周辺にも空白地域がみられたが，これらは「水域・湿地」とした。

(2) 1960～1970 年代頃の地図

マニラのこの頃の地図として利用したのは，いずれも 1961 年発行のものであるが，2000 年頃のものと同様，地図の凡例が 2 通り存在し，図幅による差異がみられた。しかし 2000 年頃の地図のように，図幅境界で土地利用が不連続に変わるような箇所はみられなかった。

一方，収集上の制約から，カラー複写で入手した図幅とモノクロ複写のもの

とがあったが，モノクロ図版において，市街地，水域，森林の区別が付きにくく，判読が困難な箇所があった。グレーの濃淡と周囲の土地利用から判断したが，カラー図版ではそれぞれ異なる色で表現されているので，本来なら判読は容易なはずである。地図を収集し複写して保管・提供する際には，費用面の問題等あるかもしれないが，カラーで作成された地図はカラーのまま入手できるのが望ましいといえる。

また，2000年頃の地図と同様，道路のみが描かれ周囲の土地利用に関する情報が記載されていない空白地域が多々みられた。これらについては，2000年頃の地図と同じように，道路の密度および周囲の土地利用を判断材料として，「宅地」または「草原・荒地」とした。

(3) 1920〜1930年代頃の地図

マニラにおいても外邦図が作成されている。しかしながら，本書の対象地域に関して，日本国内で外邦図を収集している主要機関のいずれにも保管されておらず入手できなかった図幅があるため，一部の範囲については土地利用データも欠落せざるをえなかった。

この時代のマニラの外邦図は，地図として決して良質のものとはいえない。特に土地利用の判読を困難にした問題点は，大きく分けて，凡例に説明のない地図記号が多々みられること，手書きの地図であるため図幅間で（あるいは同じ図幅内においてでさえ）地図記号の形や大きさが統一されていないこと，保存状態が良くないために複写が不明瞭なことの3つであった。

凡例で説明のある地図記号は，道路とニッパ湿地とマングローブ湿地のみである。一方，地図中にはさまざまな地図記号が描かれている。それらのうち，他都市の外邦図やマニラの他時期の地図にもみられるものは，それらの地図における記号の定義に準拠した。一方，マニラの外邦図にしかみられない地図記号については，独自に解釈せざるをえなかった。

まず，ヤシの木をあしらったと思われる記号がみられる箇所は，「森林」と判読した。その他の不明瞭で意味不明の記号，および空白地域の大半は，森林とは異なる自然的土地利用として「草原・荒地」とした。ただし，記号の意味は不明であるが明らかに人為による区割がなされている箇所については，自然的とはいえないので「その他」に分類した。また空白地域のうち，田の地図記号

に囲まれ畦道らしき整然とした道が描かれている箇所は「田」とし，現在のマニラ市中心部に相当し道路網が密である箇所は「宅地」とした。最後に，河川や湿地（横線の地図記号）の周囲にみられた縦線や斜め線の表記は周囲の土地利用に準拠して「水域・湿地」とした。

　また，2000年頃の地図と同様，図幅の境界で土地利用が不連続に変化する箇所もあったが，現時点ではそのままにせざるをえなかった。

（山下亜紀郎・大村やゆみ・髙奥　淳）

参考文献

王尾和寿 2008. 流域圏における水系を視点とした景観特性の分析―那珂川，霞ヶ浦，鬼怒川，小貝川の各流域を事例として―. 地学雑誌 117：534-552.

第3章　都市の拡大と土地利用

　本章では，各都市，各時期の土地利用分布の空間特性やそれらの時系列的変化について比較分析することで，都市の面的拡大の過程にみられる都市間の差異について考察する。その際，便宜的に9つの土地利用項目（**口絵1～7**）を，自然緑地（「森林」，「草原・荒地」），農地（「田」，「その他農地」），市街地（「工業用地」，「宅地」）の3区分に再編し，それ以外（「水域・湿地」，「その他」）をその他として，それぞれの分布と変化を分析した。

1．東京圏

　図3-1は東京圏の3時期の自然緑地・農地・市街地の分布を示している。1930年頃の東京の市街地は，およそ20 km四方程度の範囲であった。その外縁の特に北西部から北東部にかけての大河川沿いの平野部では農地が卓越していた。1970年頃になると，市街地は主要な交通網に沿って放射状に拡大している。農地は，利根川沿いの茨城県南部や千葉県北部で顕著に拡大している様子がうかがえる。2000年頃になると，市街地は80 km四方程度にまで拡大し，それ以遠にも郊外の中心部としての市街地が多々みられる。これらの多くは，従来農地であった場所が市街地化したものである。
　次に，GISのバッファ解析によって，都心の代表点としての東京駅から10 kmごとの距離圏別に土地利用割合の変化をみてみる（**図3-2**）。ただし，土地利用割合を計算する際には「海」のメッシュおよびデータなしのメッシュは対象外としている（他都市についても同様）。東京圏では，1930～1970年頃にかけて，都心から30 km以遠の地域で自然緑地が減少し農地が増加したことが特徴的である。そして1970～2000年頃にかけて，農地が大幅に減少し

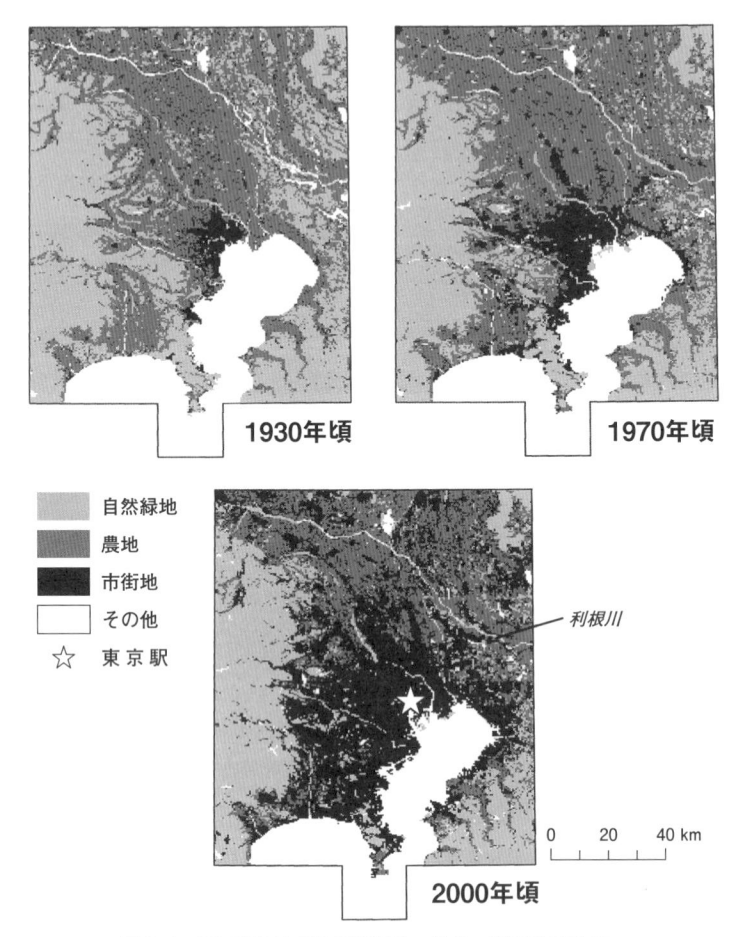

図3-1　東京圏における自然緑地・農地・市街地の分布

都市化が進展した様子がうかがえる。

　以上は同心円的な土地利用変化を分析したものであるが，次にセクター的な観点から，都心からそれぞれ別の方向へ延びている鉄道沿線の土地利用変化を比較分析した。取り上げたのは，都心から東北東方向へ延びる常磐線，北北西方向へ延びる高崎線，西方向へ延びる中央本線である（**図3-3**）。常磐線と高崎線沿線は変化傾向がよく似ており，農地が卓越していた状況から都市化が

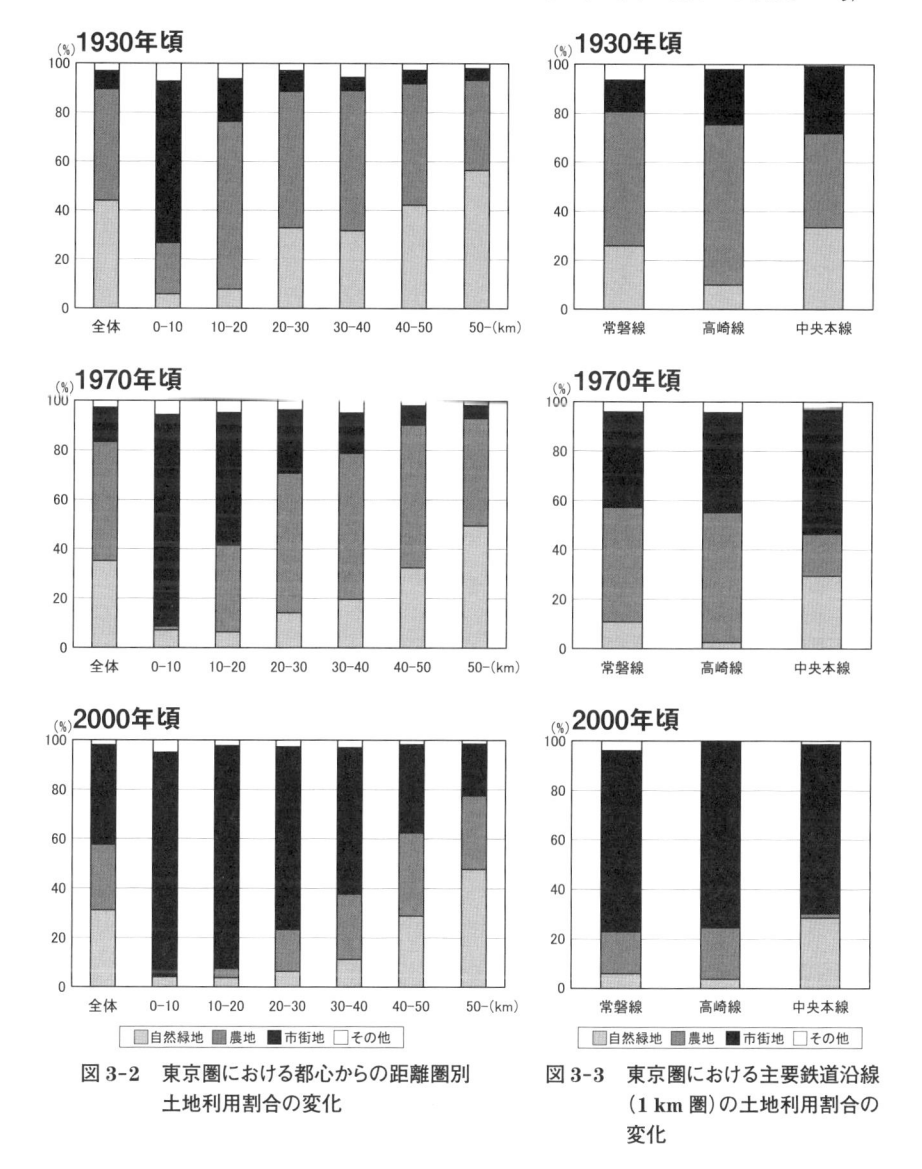

第3章　都市の拡大と土地利用　37

図3-2　東京圏における都心からの距離圏別土地利用割合の変化

図3-3　東京圏における主要鉄道沿線（1 km圏）の土地利用割合の変化

進展してきた。両線は関東平野の広大な低地・台地部を通り，沿線において早くから農地開発が行われていた地域であり，都市的土地利用の外延的拡大も顕著

であったといえる。一方，中央本線沿線は1930年頃から農地が最も少なく，それらが都市化でほぼなくなったものの自然緑地はさほど減少していない。これは，八王子以東の都心側地域で農地から市街地への転換が進展した一方で，以西の多摩川上流域では現在でも森林が卓越するからである。

2. 大阪圏

図3-4は大阪圏の3時期の自然緑地・農地・市街地の分布を示している。

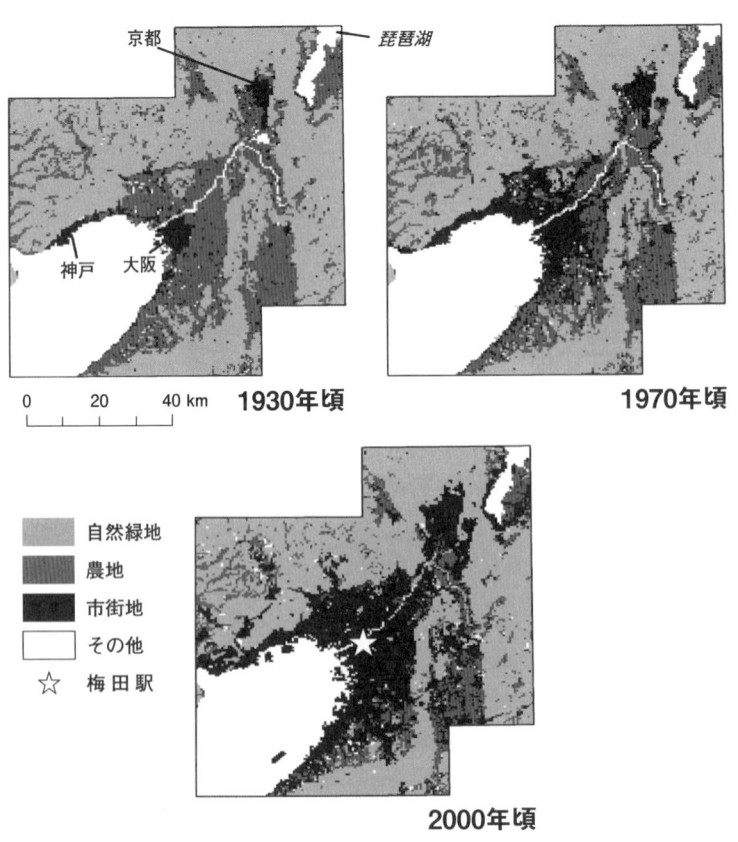

図3-4　大阪圏における自然緑地・農地・市街地の分布

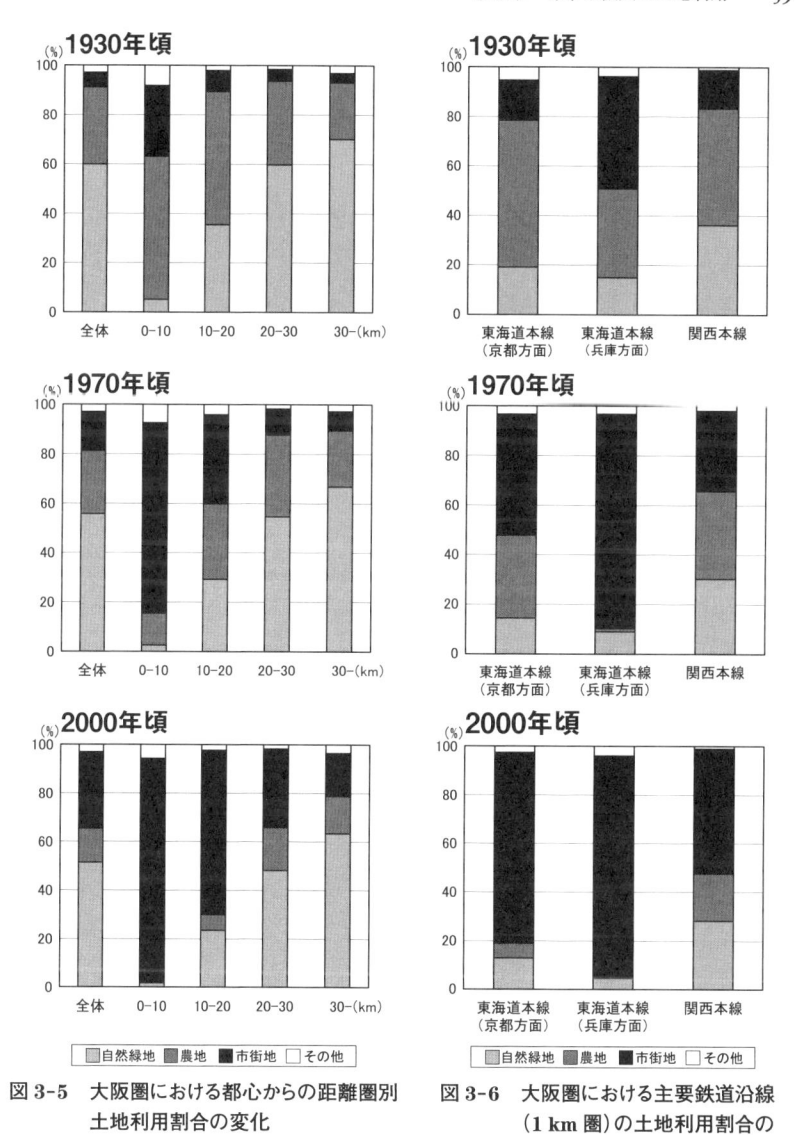

図 3-5　大阪圏における都心からの距離圏別土地利用割合の変化

図 3-6　大阪圏における主要鉄道沿線（1 km 圏）の土地利用割合の変化

1930年頃の大阪圏の市街地は，大阪市，京都市，神戸市の3つの核がみられ，いずれもそれぞれの中心部から半径5km程度の広さであった。農地は当時か

ら，大阪平野や奈良盆地，京都盆地，琵琶湖沿岸のかなりの部分を占めていたことがわかる。それらの農地は2000年頃までに大部分が市街地へと転換された。一方で，自然緑地であった地域は，地形的制約から農地や市街地へと転換されず，一貫して自然緑地として残されていることもうかがえる。

　次に，大阪圏の都心の代表点として梅田駅を採用し，そこから10 kmごとの距離圏別に土地利用割合の変化をみた（図3-5）。大阪圏では，1930年頃には都心から10 km圏においてもかなりの農地がみられたが，2000年頃までに都心部，郊外部双方で激減した。その一方で，自然緑地面積率は，1930～2000年頃にかけていずれの距離圏でも大きな変化がないのが特徴的である。

　セクター的な分析として，東海道本線京都方面（北東方向），同兵庫方面（西方向），関西本線（南東方向）を取り上げた（図3-6）。東海道本線兵庫方面で農地がなくなっており，自然緑地も非常に少ない。これは海沿いの住宅地域を通っているからである。東海道本線京都方面と関西本線の1930年頃の土地利用構成は似ていたといえるが，沿線に京都市や大津市といった県庁所在都市を含む東海道本線と，生駒山地や笠置山地を通る関西本線とでは現在までの都市化の進展度には明らかな差異がみられる。全体的に鉄道沿線の都市化は東京圏より大阪圏の方が先行しており，特に東海道本線兵庫方面が顕著である。

3．ソウル圏

　図3-7はソウル圏の3時期の自然緑地・農地・市街地の分布を示している。1930年代頃のソウルの市街地は，漢江北部の限られた範囲のみであったが，1960年代になると外延的に対岸の南西部へ広がった。農地は，山間部の合間を縫うように線状に分布していた。2000年頃になると，市街地は漢江の両岸に広く分布しており，さらに西部の仁川，南部の安養や水原などにも郊外核ともいえる市街地が形成されている。

　次に都心からの距離圏別にみた傾向であるが，ソウルの都心代表点はソウル市庁に設定した。なお海外の5都市は，東京，大阪に比べ，都市圏の範囲が狭いので，5 kmごとの距離圏を設定し，土地利用割合を集計した。図3-8によると，1930年代頃のソウルの市街地は半径5 km程度，1960年代でも10 km

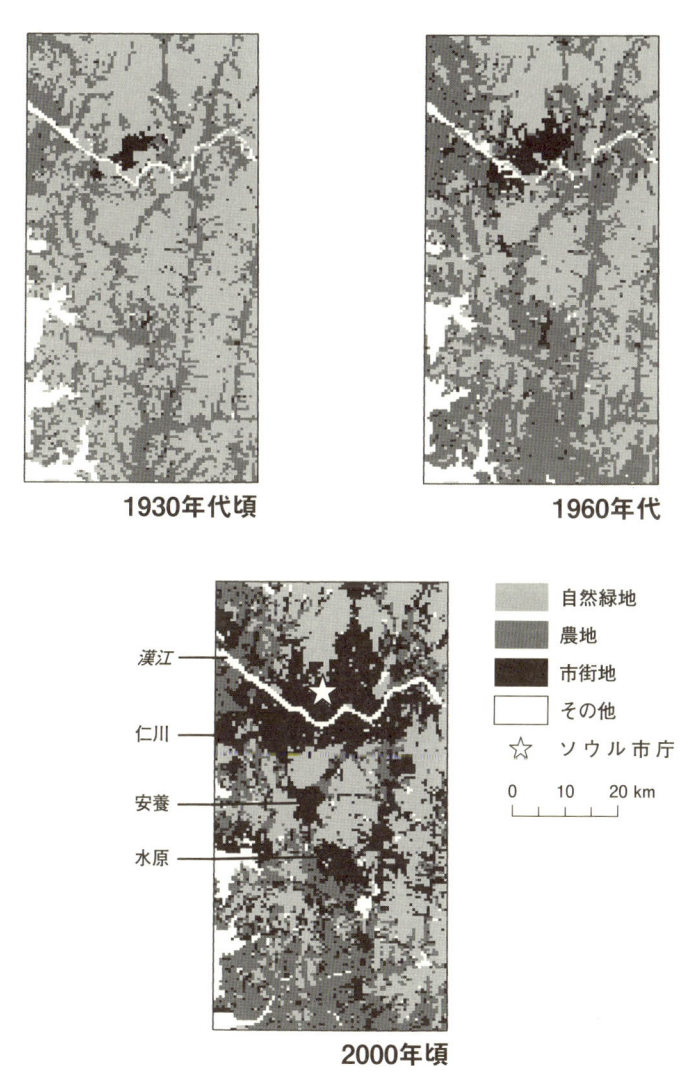

図3-7　ソウル圏における自然緑地・農地・市街地の分布

程度の範囲に収まっていた。自然緑地については，1930年代頃には60％以上を占めていたが，2000年頃までにすべての距離帯で大幅に減少した。それら

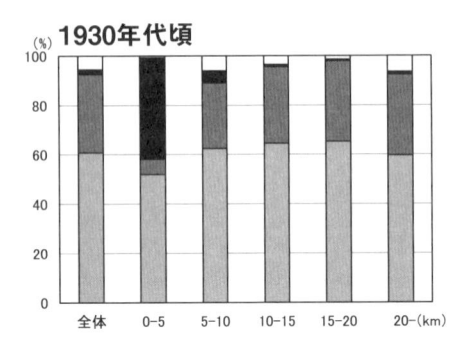

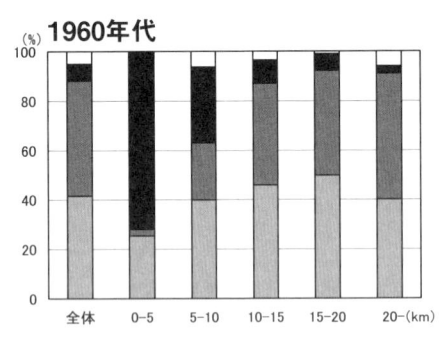

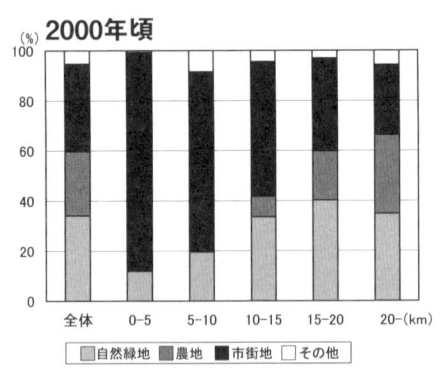

図 3-8 ソウル圏における都心からの距離圏別土地利用割合の変化

の自然緑地は10km圏内では主に市街地へ，10km以遠では1960年代までに農地へと転換された。それらの農地は，近年ではさらに市街地へと転換されている。

4. 台北圏

　図3-9は台北圏の3時期の自然緑地・農地・市街地の分布を示している[1]。1930年代頃における台北の市街地は，他都市と比べても非常に小規模であり，周りを農地に囲まれていた。2000年頃になると，従来農地であった場所が市街地化した一方で，自然緑地であった場所は，地形的制約から，比較的緑地として残されている傾向がみてとれる。

　都心の代表点としての台北駅からの距離圏別に土地利用割合を集計したのが図3-10である。この図からも，台北の市街地は2000年頃においても半径10 km程度であり，それ以遠はほとんど自然緑地で占められていることがわかる。

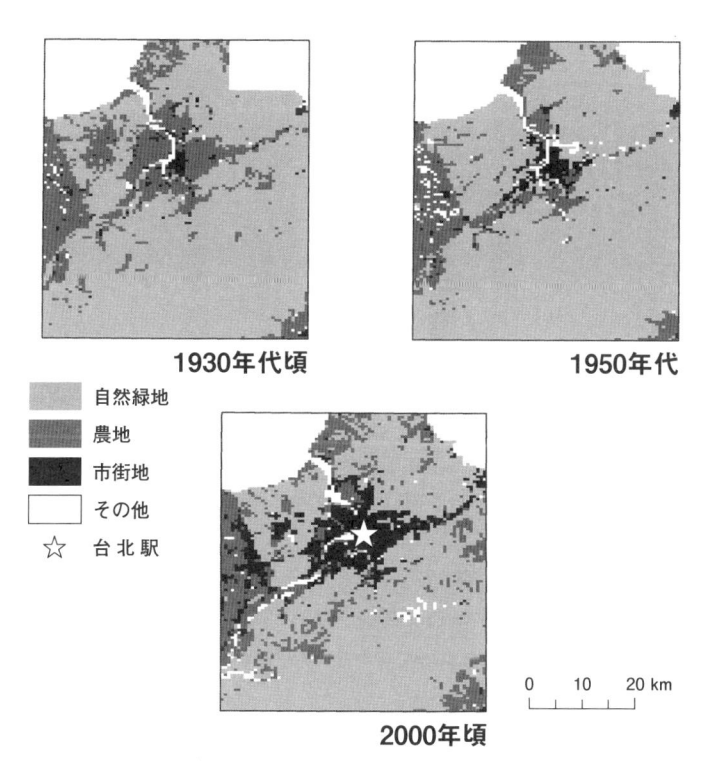

図3-9　台北圏における自然緑地・農地・市街地の分布

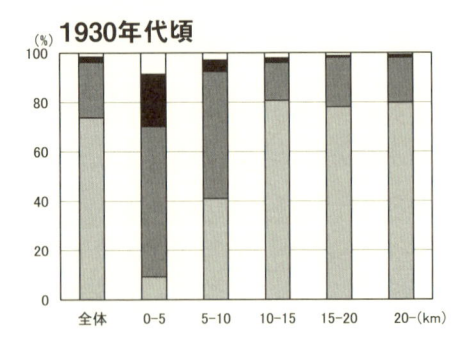

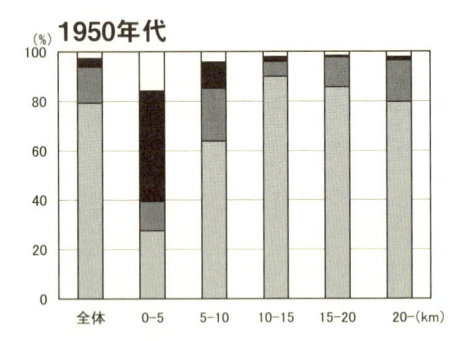

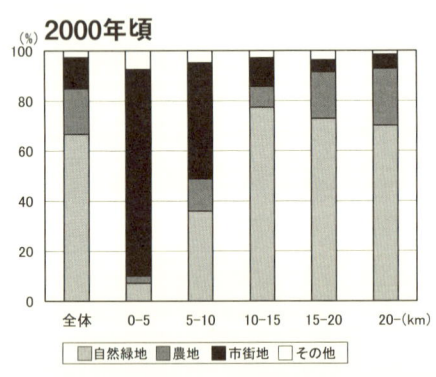

図 3-10　台北圏における都心からの距離圏別土地利用割合の変化

5. バンコク圏

　図3-11はバンコク圏の3時期の自然緑地・農地・市街地の分布を示している[2]。1950年代においてもバンコクの市街地は10 km四方程度のものであったが，その周囲は1910年代にはすでに大半が農地化されており，自然緑地は

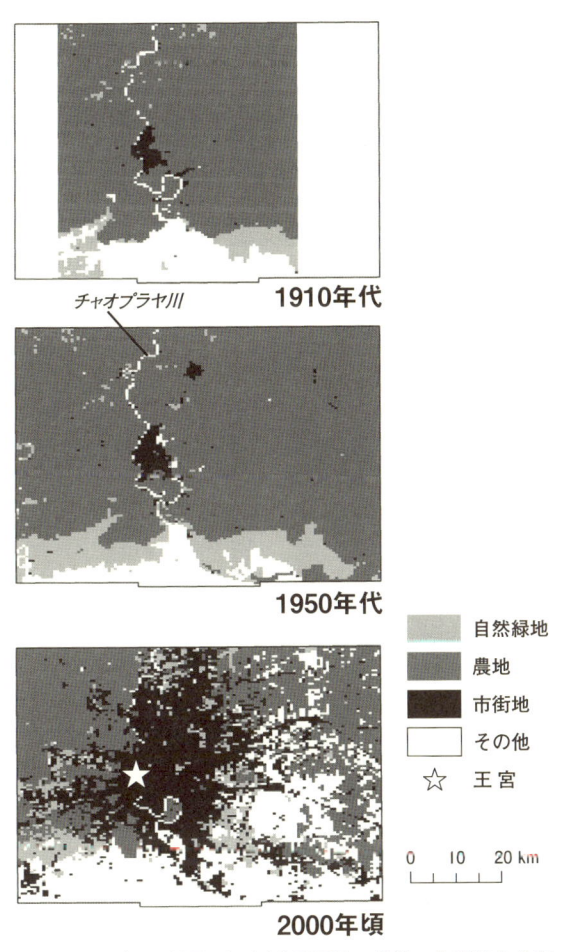

図3-11　バンコク圏における自然緑地・農地・市街地の分布

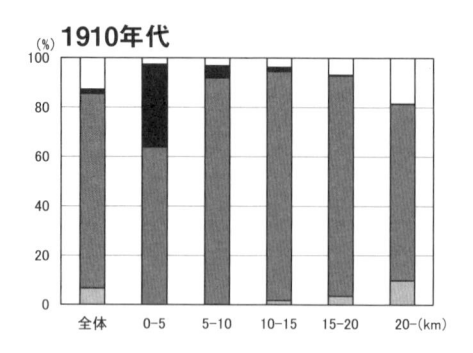

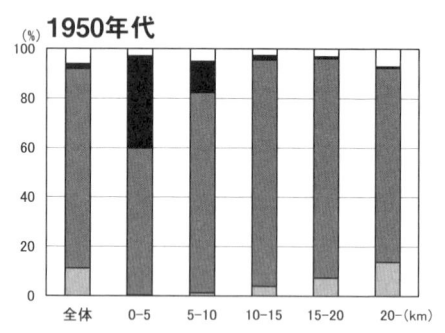

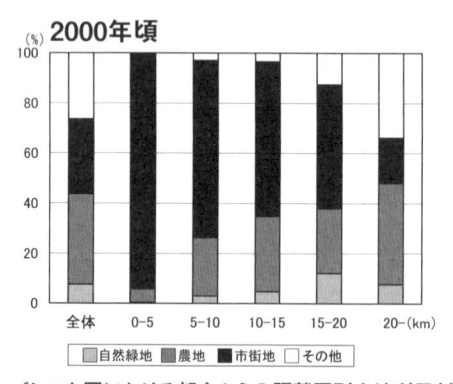

図 3-12 バンコク圏における都心からの距離圏別土地利用割合の変化

ほとんどみられない。2000年頃になると，市街地は放射状に周囲へと拡大している。

都心の代表点としての王宮からの距離圏別の土地利用割合をみると(図 3-12)，2000年頃にはバンコクの市街地は，半径20 km程度にまで拡大しているよう

である。また，20 km 以遠でその他の土地利用割合が高いが，これは海岸沿いのかなり広い範囲に養魚場（fish pond）が分布しているためである。

6. ジャカルタ圏

図 3-13 はジャカルタ圏の自然緑地・農地・市街地の分布を示している。1930 年代のジャカルタでは，オランダ統治時代からの旧市街であるコタや，

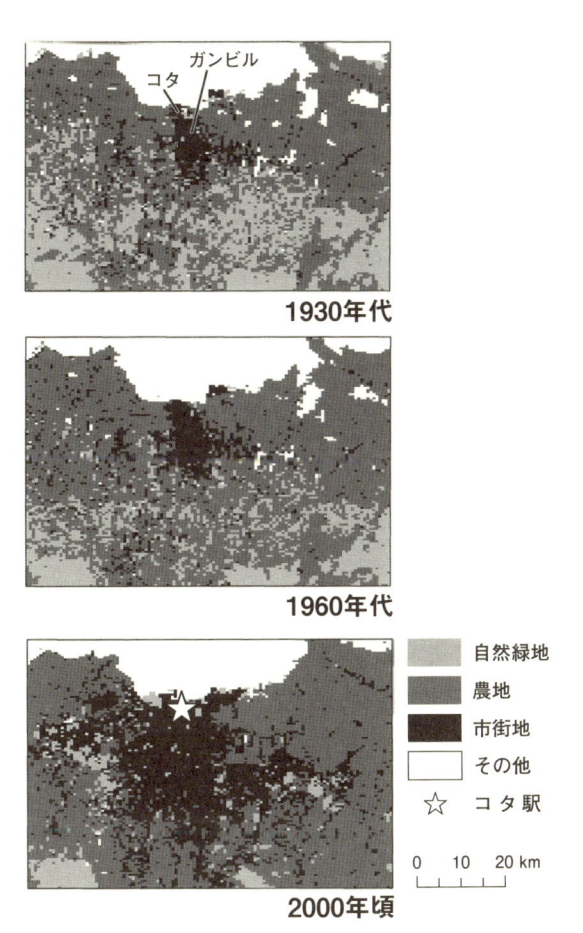

図 3-13　ジャカルタ圏における自然緑地・農地・市街地の分布

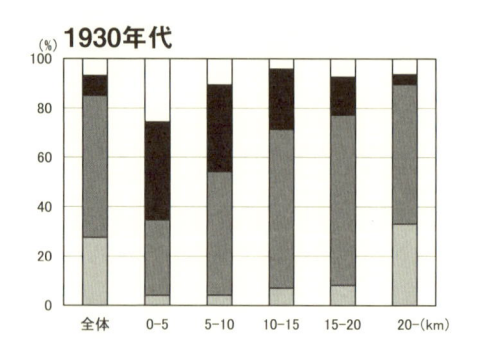

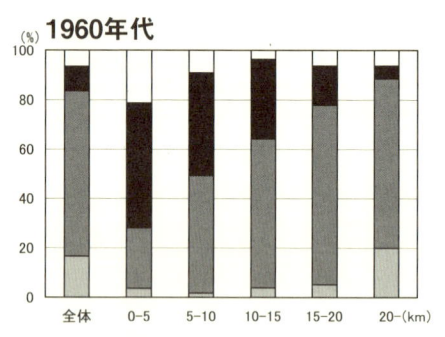

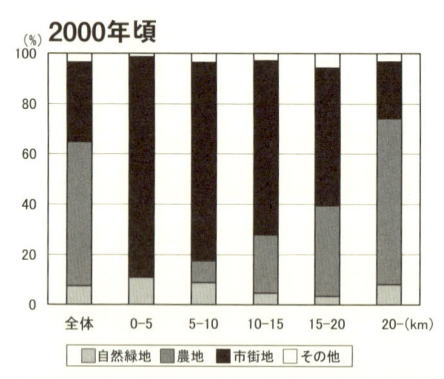

図 3-14　ジャカルタ圏における都心からの距離圏別土地利用割合の変化

　現在の中心部であるガンビルの周囲にまとまった市街地が形成されていたが，それ以外にも面積的には小さいものの集落の中心としての市街地が点在していた。そしてそれらの集落中心地の周囲に農地が分布していた。1960年代に

なっても，そのような傾向に大きな変化はみられず，若干，市街地が拡大した程度である．しかし，南部の自然緑地はかなり農地へと転換された．そして1960〜2000年頃までの20世紀後半の約50年間で，市街地はかなり広範囲へ拡大した．

都心代表点としてのコタ駅からの距離圏別の土地利用割合をみると（図3-14），他都市のようにある距離圏を境に市街地率が激変する傾向はみられず，1930年代においても，10〜15 km圏でも市街地率が20％程度を占めていた．1960年代も同様で，都心からの距離が離れるに従い，次第に土地利用割合が変化していくのが特徴的であるが，バンコク同様，自然緑地の面積率は低い．

7. マニラ圏

図3-15はマニラ圏の自然緑地・農地・市街地の分布を示しているが[3]，1930年代については，基図の精度が低く，凡例にない地図記号が多々使われていたり，図幅によって地図記号が統一されていなかったりして，土地利用の判読が非常に困難であった．図3-15をみても，図幅の境界で明らかに土地利用が不連続となっており，データの精度を今後検証する必要がある．

図3-15と，都心の代表点としてのマニラ市庁からの距離圏別に土地利用割合を集計した図3-16[4]とをあわせて解釈すると，1960年代のマニラの市街地は半径10 km程度の広さであり，その外側の北西部と南西部の海に近い地域で農地が卓越していた．2000年頃までに市街地は放射状に半径20 km程度にまで拡大したが，特に南部のラグナ湖畔の市街地化が顕著である．

8. まとめ

まず，東京圏・大阪圏の分析結果を要約すると，東京圏外縁部の特に都心から東〜北方向の平野部では，自然緑地→農地→市街地という2段階の土地利用変化が生じているのに対して，東京圏の西方向と大阪圏では，1930〜2000年頃までに，農地から市街地への変化はみられるが山間部の自然緑地は変化して

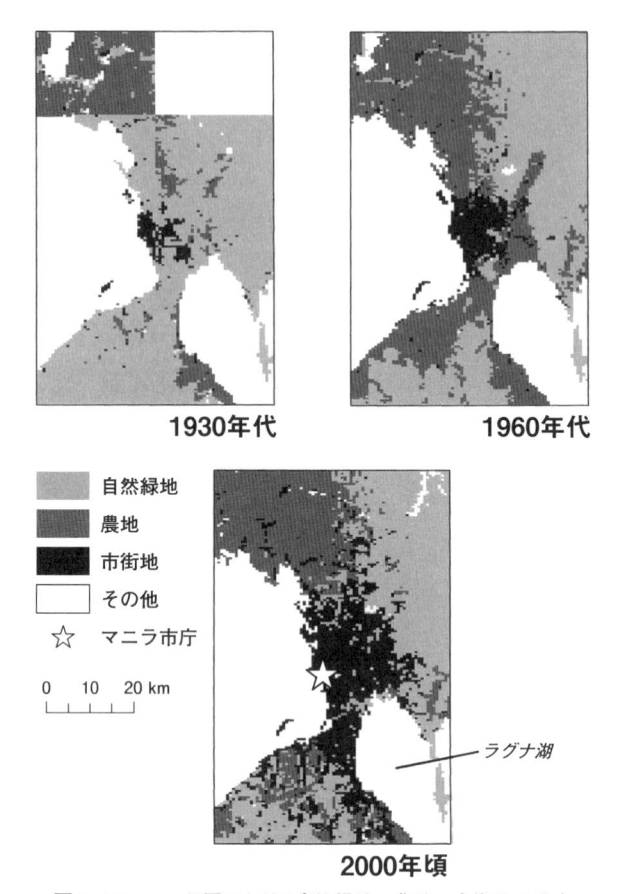

図 3-15 マニラ圏における自然緑地・農地・市街地の分布

（凡例：自然緑地／農地／市街地／その他／☆ マニラ市庁／ラグナ湖／1930年代／1960年代／2000年頃）

いないことが示された。

　次に，7都市の現在における市街地の空間的広がりを比較すると，東京が最も広く，大阪がそれに次ぐ。海外都市ではソウル，バンコク，ジャカルタが広く，都心から半径20 km以上の範囲に広がる。マニラがそれに次ぐ。台北が最も空間的に狭く，半径10 km程度である。バンコクとソウルを比較すると，バンコクは，都心である王宮地区を核として同心円状に市街地が広がるのに対し，ソウルは漢江沿岸の都心部を核とする地域以外にも，西部や南部に分散し

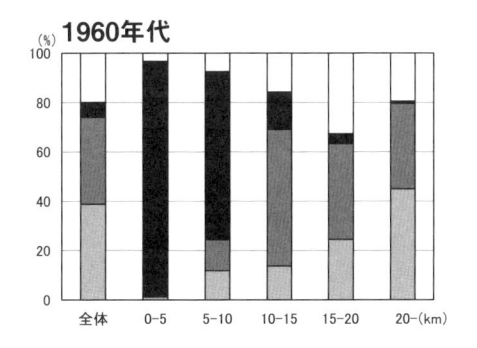

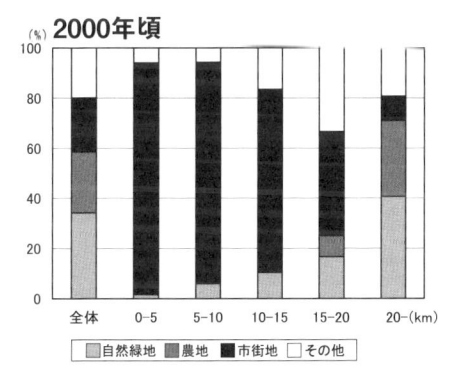

図 3-16 マニラ圏における都心からの距離圏別土地利用割合の変化

て市街地の核がみられ，多核的な都市構造を有している．市街地以外に目を向けると，大阪，ソウル，台北は市街地の周囲を自然緑地が取り囲んでいる．それに対してバンコクやジャカルタは市街地の周囲に広大な農地が広がり，対象地域内に森林や草原といった自然緑地はほぼ皆無である．このことからバンコクやジャカルタでは，森林や草原といった自然環境が，人為によって早くから広範囲にわたって改変されてきたことがうかがえる．　　　　　（山下亜紀郎）

注
1) 台北の 1930 年代頃の範囲には，土地利用不明により欠落している箇所がある．
2) 対象範囲の一部について基図が入手できなかったため，欠落している箇所がある．
3) 対象範囲の一部について基図が入手できなかったため，欠落している箇所がある．
4) 1930 年代については省略した．

土地利用変化と地形環境

第4章 日本の大都市における土地利用変化と地形との関係 —札幌・東京・大阪の事例—

1. はじめに

　本章と次章では，都市の発展に伴う土地利用変化を標高や傾斜といった地形条件と関連付けて分析・考察する。まず本章では，日本の大都市として札幌・東京・大阪の3都市圏の3時期を対象に，土地利用の空間的変遷をより詳細な解析により比較するとともに，標高や傾斜と土地利用変化との関係性を分析し，都市圏間の差異について考察する。

　本章における日本の大都市の比較分析に際して，東京・大阪に加え，それらとは歴史的・自然的背景が異なる独自性を有する北海道の札幌も対象とするため，別途，東京・大阪と同じ基準・方法で札幌圏の土地利用メッシュデータを作成した。ただし，2000年頃以降の5万分の1地形図が未整備の範囲があったため，年次としては1930年頃，1970年頃，1990年頃とした。

　この3都市3時期の土地利用メッシュデータに，国土地理院発行の基盤地図情報の数値標高モデル（DEM）10mメッシュを重ね合わせ，500mメッシュごとに平均標高と平均傾斜を算出することによって，3都市圏の土地利用変化と標高や傾斜といった地形条件との関係を分析した。

2. 研究地域の地形の概要

　札幌圏は札幌市の大部分および，江別市，北広島市，恵庭市の全域，石狩市，千歳市の一部などを含む。北海道最大の一級河川である石狩川の中流・河口付近に広がる石狩平野に位置している。石狩平野は東側を夕張山地，南西側を余市岳および恵庭岳，北側を増毛山地などに囲まれ，東部に日本最大の炭田である石狩炭田，西部に札幌市が位置している。また，石狩川が蛇行する中央部に低湿な泥炭地が形成されており（小疇，1994），低地が高い割合を占めている。札幌圏の10 mメッシュ標高データからは，概ね東部が低標高・緩傾斜地域であり，南西部が高標高・急傾斜地域であることがわかる。標高の最大は1,487.1 m，平均は219.2 mであり，標高100 m以下の地域は全体の59.5％である。また，平均傾斜は8.6度であり，傾斜5度以下の地域が全体の57.4％を占める。

　東京圏は，日本で最大の平野である関東平野をほぼ包含し，関東地方の1都6県にまたがる範囲である。関東平野は西側を関東山地，北側を阿武隈・八溝・足尾・三国諸山地，東側と南側を太平洋に囲まれている。また，関東平野には台地と丘陵が多く形成されており（中村，1994），埼玉県の大宮台地や比企丘陵，東京都の武蔵野台地や多摩丘陵などがある。東京圏の10 mメッシュ標高データからは，東部に低標高・緩傾斜地域，西部に高標高・急傾斜地域が分布していることがわかる。また，南東部にもわずかではあるが高標高・急傾斜地域があることがわかる。標高の最大は1,734.7 m，平均は132.0 mであり，標高100 m以下の地域が全体の71.8％である。また，平均傾斜は8.2度であり，傾斜5度以下の地域が全体の67.3％を占める。

　大阪圏は，大阪府の大部分を含む近畿地方の6府県に及ぶ範囲である。大阪圏には石狩平野や関東平野のような大平野が存在せず，小規模な平野・盆地と山地が交錯した複雑な地形条件となっている。大阪圏の中心部に位置する大阪平野は東側を生駒山地，西側を大阪湾，南側を和泉山地，北側を北摂山地に囲まれている。また，各府県境が山地であることが多いため，各府県は地形的に分断されている。そのため，各府県庁が所在する中心都市はそれぞれの府県の

中心的な平野・盆地に立地することが多いが，兵庫県ではやや異なっており，播州平野に立地する姫路ではなく，大阪平野と隣接する六甲山地南麓に県都である神戸がある（金田，2006）。大阪圏の10mメッシュ標高データからは，中央部に低標高・緩傾斜地域があり，その周囲を高標高・急傾斜地域が取り囲んでいることがわかる。標高の最大は1,124.0m，平均は190.2mであり，標高100m以下の地域は全体の40.4%である。また，平均傾斜は12.9度であり，傾斜5度以下の地域が全体の44.1%を占める。札幌圏，東京圏と比べて低標高・緩傾斜地域の割合が低い。

3. 土地利用分布とその変化

3.1. 札幌圏の土地利用分布とその変化

札幌圏の土地利用メッシュマップ（口絵8）から，札幌市の東部に農地，西部に森林が多く分布していることがわかる。これは3時期に共通することである。1930〜1970年頃にかけては，札幌市周辺における宅地の増加と，南東部における水域・湿地から田への変化が特徴的である。また，1970〜1990年頃にかけては札幌市の周辺部で宅地がさらに増加している。

札幌圏における3時期の土地利用割合（図4-1）をみてみると，森林，水域・湿地は一貫して減少し，宅地は増加している。田は1930〜1970年頃にかけて一旦増加したのち1990年頃までに減少した。その他農地は同程度の割合で推移した。

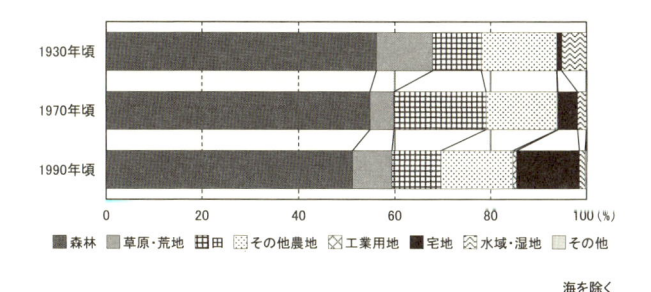

図4-1　札幌圏における3時期の土地利用割合

図4-2 札幌圏における土地利用項目別変化割合

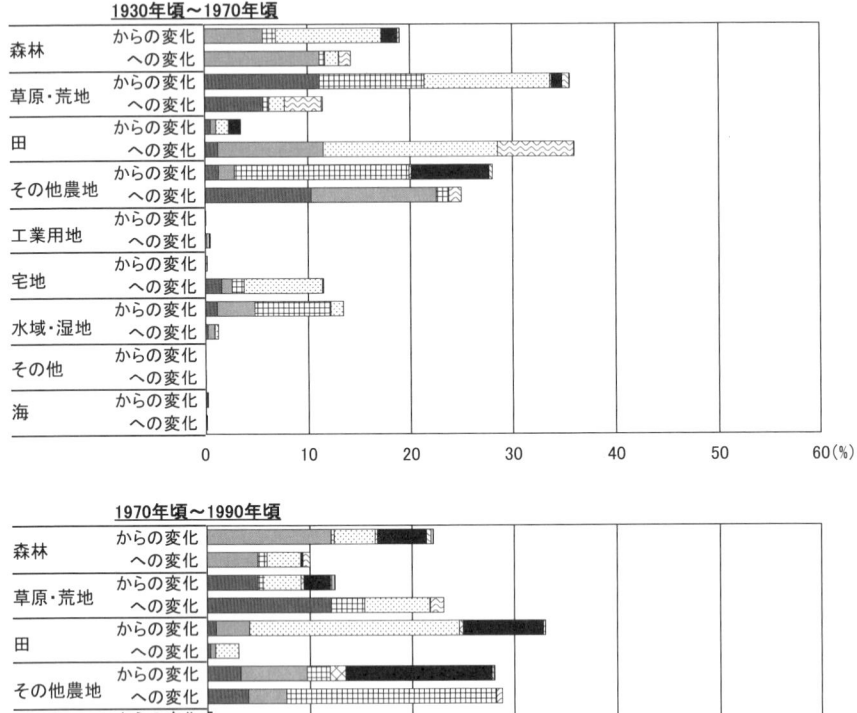

1930～1970年頃では，全体の23.3％（海を除く）のメッシュで面積的に卓越する土地利用（卓越土地利用）が変化している。この2時期間での土地利用項目別変化割合（図4-2）をみると，草原・荒地からの変化と田への変化が高い割合を示した。草原・荒地からは田，その他農地への変化が多く，田への

変化はその他農地からの変化が多かった。また，その他農地への変化は高い割合を示すが，その他農地からほかの土地利用への変化の割合と同程度であるため，その他農地の面積率自体はみかけ上あまり変化していない（図4-1）。宅地は主にその他農地からの変化であった。また，水域・湿地から田や草原・荒地への変化も高い割合を示した。

次に，1970〜1990年頃では，全体の25.5％（海を除く）のメッシュで卓越土地利用が変化している。この2時期間での土地利用項目別変化割合（図4-2）をみると，田からの変化と宅地への変化が高い割合を示した。田からはその他農地への変化が多く，宅地へはその他農地からの変化が多かった。また，その他農地は1930〜1970年頃にかけてと同様に高い割合で変化しているが，その他農地からの変化と，その他農地への変化が同程度であるため，その他農地の面積率はあまり変化していないことになる（図4-1）。

以上を要約すると，札幌圏では1970年頃までは畑地の水田化が積極的に行われた一方で，1970年頃以降は逆に水田の畑地化が進んでいることがわかった。宅地化の進展については，まず草原・荒地といった自然緑地が水田や畑地といった農地に転換され，その後それらの農地が宅地化されるという2段階の土地利用変化を経てきたことがわかった。

3.2. 東京圏の土地利用変化

東京圏と大阪圏の3時期における土地利用分布（口絵1，2）については，第3章ですでに述べたため，ここでは土地利用変化についてのみ詳述する。

1930〜1970年頃では，全体の28.8％（海を除く）のメッシュで卓越土地利用が変化している。この2時期間での土地利用項目別変化割合（図4-3）をみると，森林からの変化とその他農地への変化が高い割合を示し，特に森林からその他農地への変化が高い割合を占めている。また，宅地への変化も高い割合を示し，田，その他農地からの変化が多かった。

次に，1970〜2000年頃では，全体の35.0％（海を除く）のメッシュで卓越土地利用が変化している。この2時期間での土地利用項目別変化割合（図4-3）をみると，その他農地からの変化と宅地への変化が高い割合を示した。その他農地からの変化の大部分は宅地への変化であった。また，宅地はそ

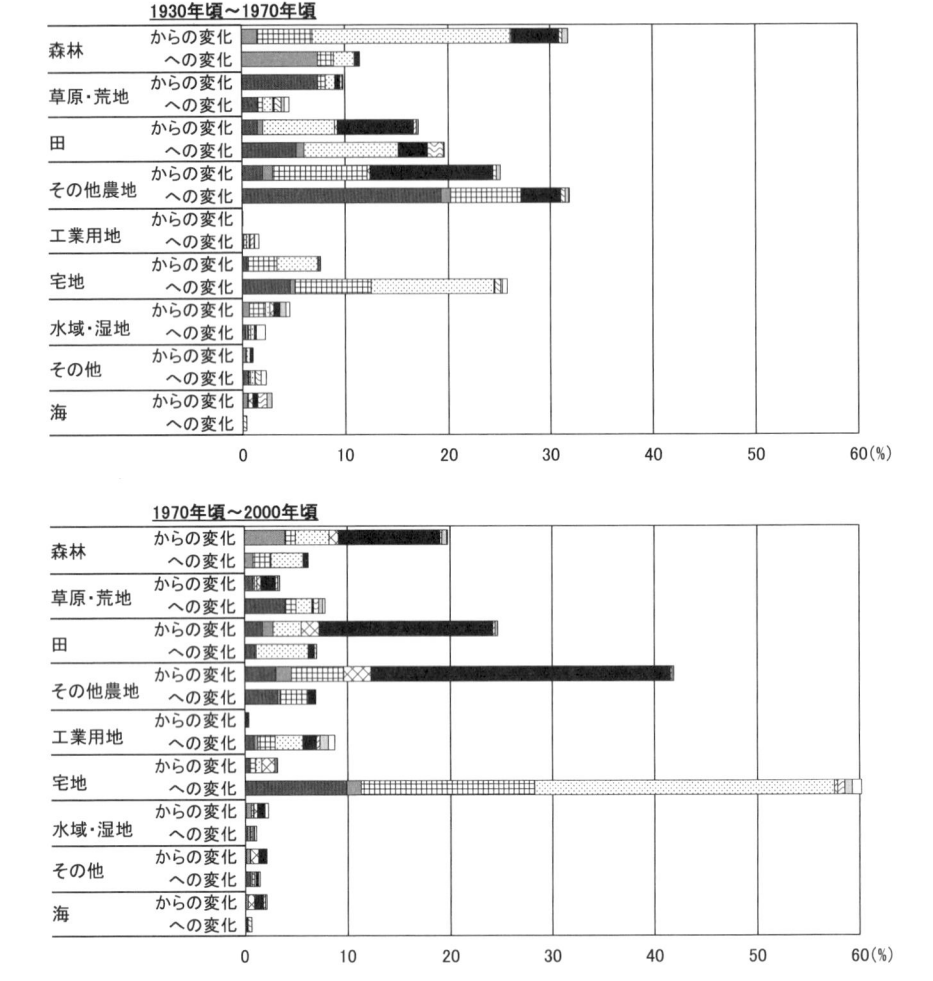

図 4-3 東京圏における土地利用項目別変化割合

の他農地以外では田からの変化が多かった。

　以上を要約すると東京圏では，札幌圏でみられたような自然緑地が農地を経て宅地化するという2段階の土地利用変化パターンがより明瞭である。具体的には平野部において市街地としての宅地の周辺に農地が広がり，さらにその

周辺に森林が分布していたところへ，市街地の拡大に伴い農地がさらに外縁へ遷移していったということであろう．

3.3. 大阪圏の土地利用変化

1930～1970年頃にかけては，全体の17.8％（海を除く）のメッシュで卓越土地利用が変化している．この2時期間での土地利用項目別変化割合（図4-4）をみると，田，森林からの変化と宅地への変化が高い割合を示し，特に田から宅地への変化が高い割合を占めた．また，森林から田への変化も高い割合を占めた．

次に，1970～2000年頃にかけては，全体の22.9％（海を除く）のメッシュで卓越土地利用が変化している．この2時期間での土地利用項目別変化割合（図4-4）をみると，田，森林からの変化と宅地への変化が高い割合を示し，特に田から宅地への変化が高い割合を示した．これらは1930～1970年頃にかけての土地利用変化と同様であるが，さらに高い割合で変化していた．また，森林から宅地への変化も高い割合を示した．

以上を要約すると，大阪圏は札幌圏，東京圏と異なり農地の大半を水田が占め，畑地はほとんどないといえる．また，森林から田を経て宅地になるという2段階変化がみられる一方で，1930年頃においてすでに田であったところで宅地化が顕著なこと，1970年頃以降，森林が直接宅地化される変化が多くみられることが特徴的である．

3.4. 3都市圏の比較

時期を経るごとに3都市圏ともに森林の減少，宅地の増加がみられた点は共通している．大阪圏では一貫して農地の減少がみられたが，札幌圏，東京圏では1930～1970年頃にかけて農地が増加し，1970年頃以降減少した．また，札幌圏は東京圏，大阪圏に比べ宅地の面積が狭い一方，農地の占める割合が高かった．これらのことから，札幌圏は東京圏，大阪圏に比べ都市圏が今後も拡大していく可能性が考えられる．

1930～1970年頃にかけて，土地利用が変化している地域の割合は東京圏が最も高く，次が札幌圏で，大阪圏が最も低い割合であった．これは1970～

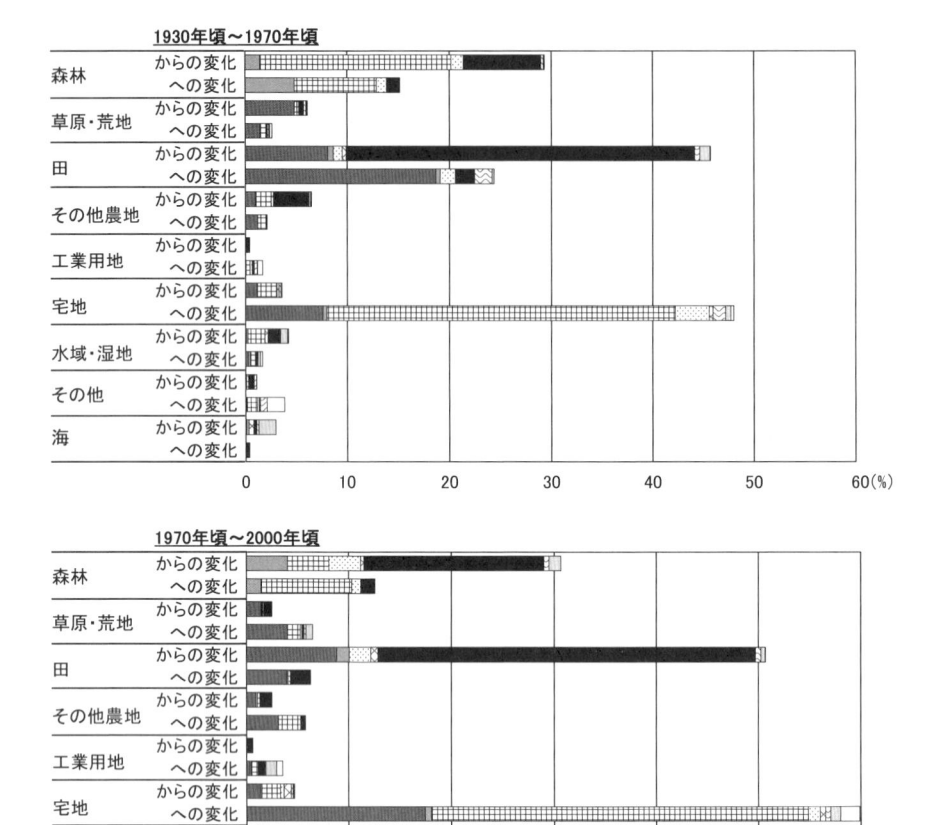

1930年頃〜1970年頃

図中項目:
- 森林: からの変化／への変化
- 草原・荒地: からの変化／への変化
- 田: からの変化／への変化
- その他農地: からの変化／への変化
- 工業用地: からの変化／への変化
- 宅地: からの変化／への変化
- 水域・湿地: からの変化／への変化
- その他: からの変化／への変化
- 海: からの変化／への変化

横軸: 0, 10, 20, 30, 40, 50, 60(%)

1970年頃〜2000年頃

（同項目）

横軸: 0, 10, 20, 30, 40, 50, 60(%)

凡例: ■森林 ■草原・荒地 ⊞田 ▦その他農地 ▨工業用地 ■宅地 ▧水域・湿地 ▨その他 □海

図 4-4　大阪圏における土地利用項目別変化割合

2000年頃（札幌圏は1990年頃）でも同様であった。

　3時期間の土地利用変化をみると，宅地への変化が高い割合を占め，特に大阪圏では，土地利用の変化した地域の73.5%が宅地への変化であった。札幌圏

では 43.6％,東京圏では 54.3％であった。森林,草原・荒地から宅地へ変化している割合は札幌圏,大阪圏が同程度で,それぞれ 18.2％,18.7％であり,東京圏は 16.6％であった。田,その他農地から宅地への変化は東京圏が最も高い割合を示し,62.4％であった。札幌圏,大阪圏はそれぞれ 55.8％,54.2％であった。さらに,1930 年頃で森林,草原・荒地,1970 年頃で田,その他農地,そして 2000 年頃で宅地へと 2 段階変化しているメッシュは,東京圏では 1,640 メッシュが該当し,これは宅地へと変化した地域の 10.3％を占める。同様のメッシュは,札幌圏では 177 メッシュで 11.2％,大阪圏では 255 メッシュで 3.7％を占める。

以上のことから,土地利用変化パターンからみたとき,2 大都市圏としての東京圏と大阪圏は非常に対照的であり,北海道の札幌圏は,その両都市圏の特徴を合わせ持つような変化をしてきたことが明らかとなった。

4. 土地利用変化と標高・傾斜との関係

本節では,3 都市圏 3 時期の土地利用メッシュデータと,メッシュごとの平均標高,平均傾斜の値より,標高,傾斜別に土地利用割合および変化割合を算出することで,土地利用分布やその変化と地形条件との関係を分析する。

4.1. 札幌圏

札幌圏の標高 20 m ごと,傾斜 1 度ごとの土地利用割合（図 4 - 5, 4 - 6）をみると,1930～1970 年頃にかけて,標高 40 m 以下,傾斜 4 度以下の地域で田の増加がみられた。一方,標高 40 m 以上,傾斜 4 度以上の地域ではその他農地の増加がみられた。低標高・緩傾斜地域ではその他農地から田へ,高標高・急傾斜地域では田からその他農地へと変化したところが多かった。1930 年頃では宅地の大部分は標高 0～60 m,傾斜 0～2 度の地域に分布しているが,1970 年頃ではそれ以上の高標高・急傾斜地域でも宅地が増加している。

1970～1990 年頃にかけては,標高 0～20 m,傾斜 0～1 度の低標高・緩傾斜地域でその他農地が増加していた。この大部分は田からの変化であった。それ以外の地域ではその他農地から宅地へと高い割合で変化していた。1990 年頃

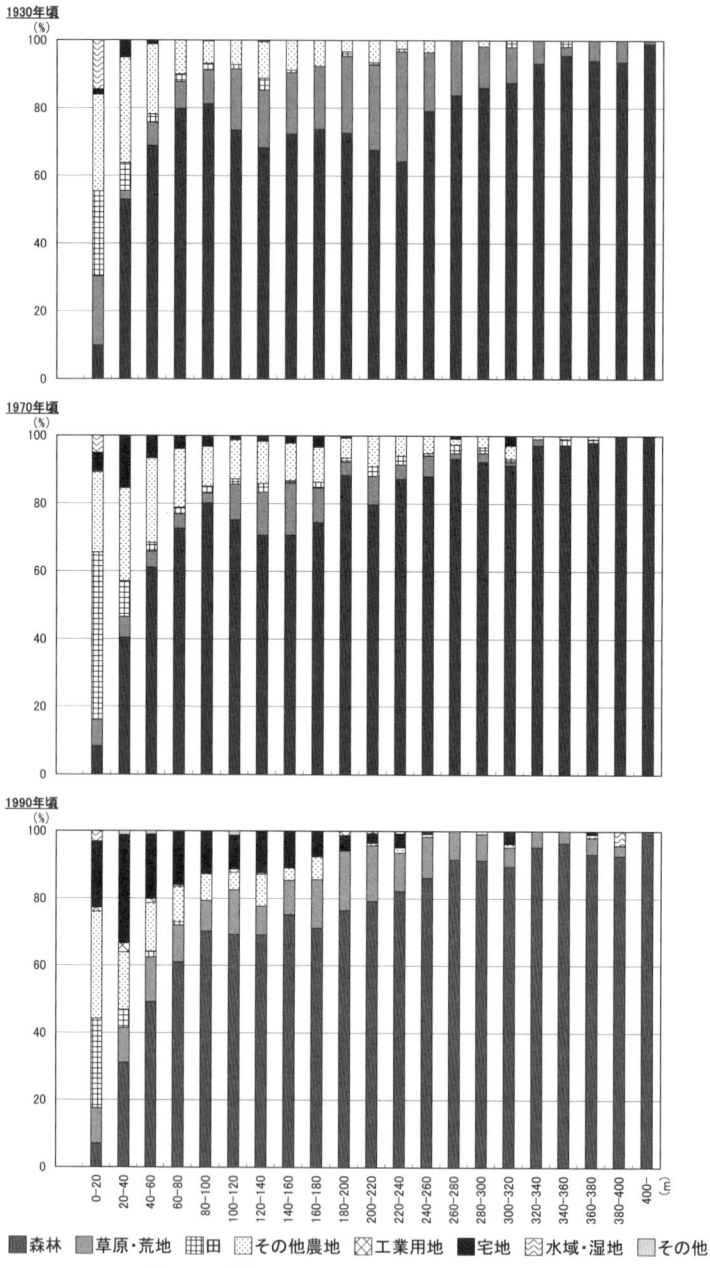

図 4-5　札幌圏における標高別の土地利用割合

第4章　日本の大都市における土地利用変化と地形との関係　63

1930年頃

1970年頃

1990年頃

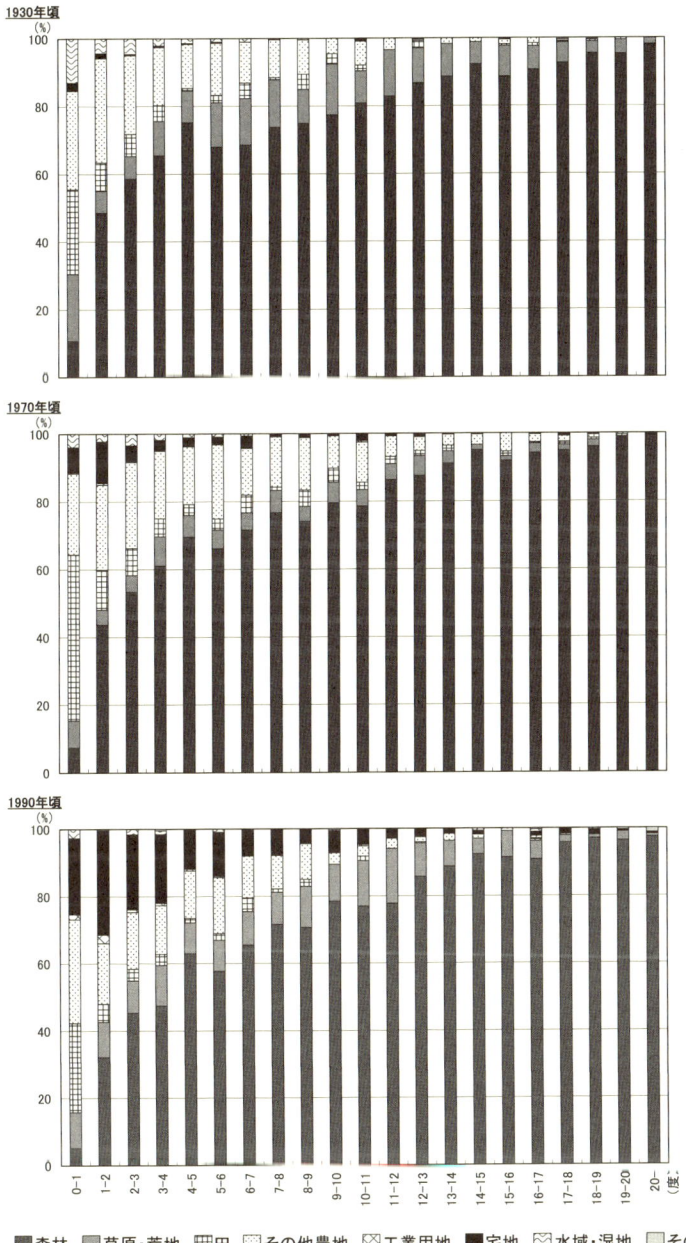

■森林　■草原・荒地　田田　その他農地　⊠工業用地　■宅地　水域・湿地　その他

図4-6　札幌圏における傾斜別の土地利用割合

では標高100m以下の地域の20.7%,傾斜5度以下の地域の22.8%が宅地となっている。

4.2. 東京圏

東京圏の標高20mごと,傾斜1度ごとの土地利用割合（図4-7, 4-8）をみると,1930～1970年頃にかけて,低標高・緩傾斜地域の森林が減少し,宅地へと変化している。その他農地は標高20m以上,傾斜6度以上の地域で増加がみられ,その大部分は森林からの変化であった。

1970～2000年頃にかけては,田とその他農地が大幅に減少し,その大部分は宅地へと変化しているが,低標高・緩傾斜地域の方がより高い割合で変化していた。2000年頃では標高100m以下の地域の46.2%,傾斜5度以下の地域の48.5%が宅地である。

4.3. 大阪圏

大阪圏の標高20mごと,傾斜1度ごとの土地利用割合（図4-9, 4-10）をみると,1930～1970年頃にかけて,標高100m以上の地域,傾斜7度以上の地域で田の増加がみられた。この大部分は森林からの変化である。また低標高・緩傾斜地域で森林,田から宅地へと変化した割合が高かった。

1970～2000年頃にかけても,低標高・緩傾斜地域でさらに高い割合で宅地が増加した。2000年頃では標高100m以下の地域の63.7%,傾斜5度以下の地域の66.2%が宅地である。

4.4. 3都市圏の比較

3都市圏とも時期を経るごとに宅地が増加しているが,その割合は都市圏によって異なっていた。3都市圏の中で,東京圏が最も宅地の占める割合は高かったが,低標高・緩傾斜地域に限ると,大阪圏の方が宅地の占める割合は高かった。これは,札幌圏,東京圏と比べて大阪圏では低標高・緩傾斜地域の面積が狭いなかで開発が進んできたためであると考えられる。

より具体的に土地利用変化と標高・傾斜との関係を3都市圏で比較してみる。3都市圏において1930～1970年頃で土地利用が変化した地域の割合を

第4章　日本の大都市における土地利用変化と地形との関係　65

1930年頃

1970年頃

2000年頃

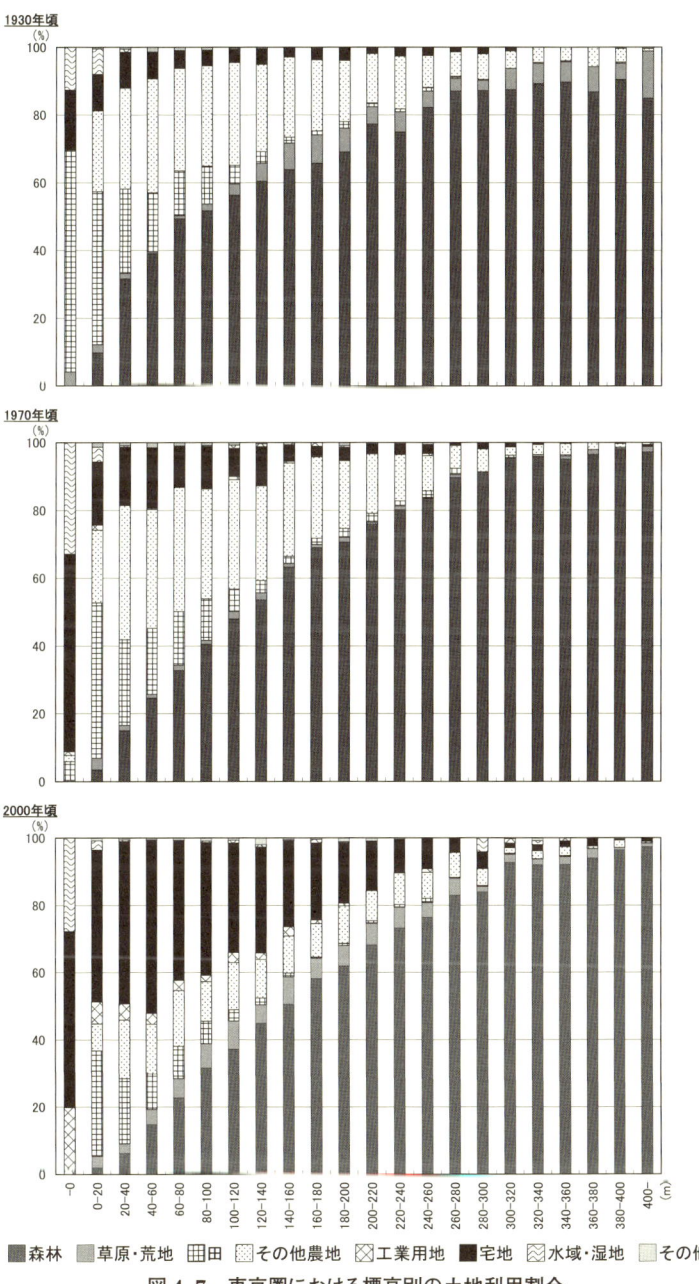

■森林　■草原・荒地　⊞田　その他農地　⊠工業用地　■宅地　水域・湿地　その他

図4-7　東京圏における標高別の土地利用割合

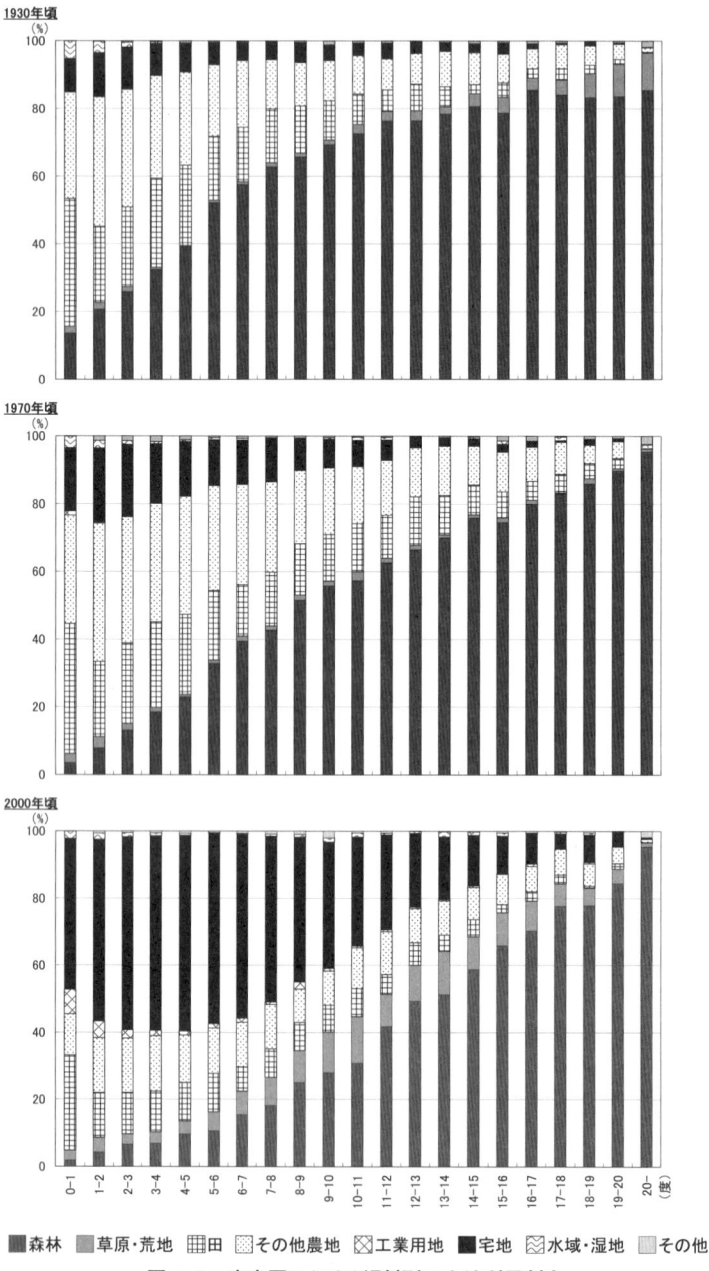

■森林 ■草原・荒地 ⊞田 ▦その他農地 ⊠工業用地 ■宅地 ▧水域・湿地 ▨その他

図 4-8　東京圏における傾斜別の土地利用割合

第4章　日本の大都市における土地利用変化と地形との関係　67

1930年頃

1970年頃

2000年頃

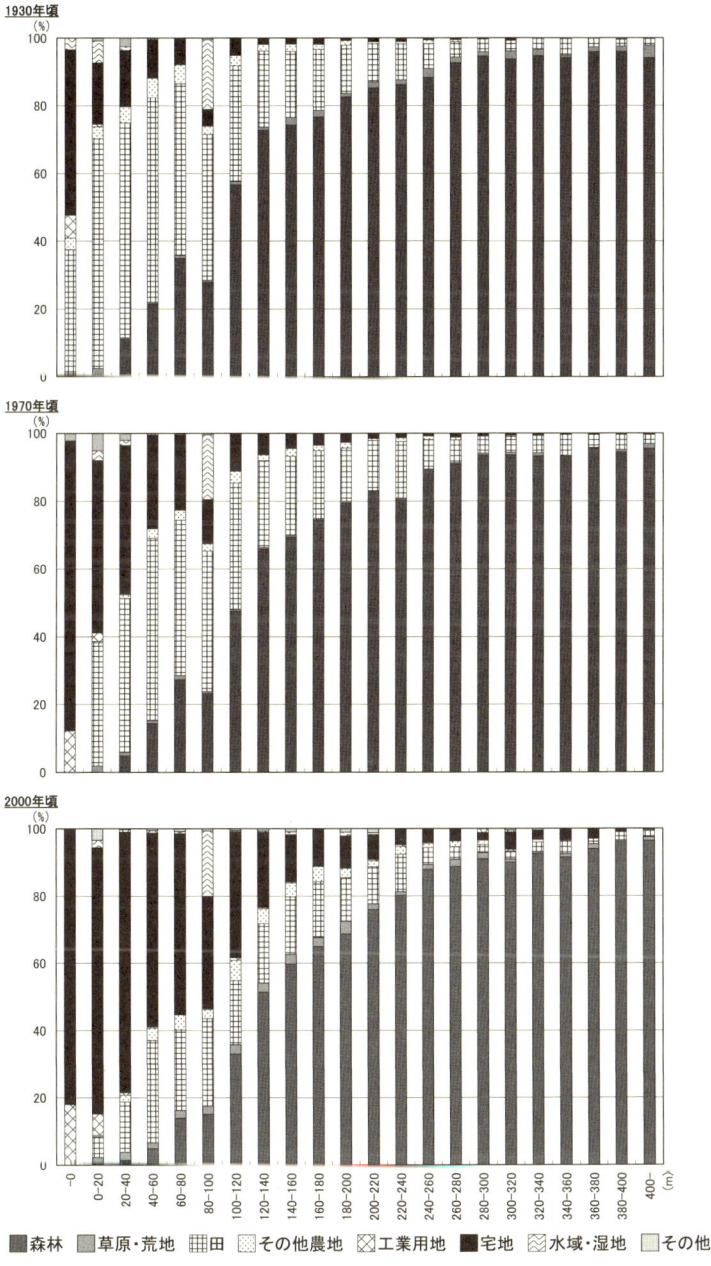

■森林　■草原・荒地　⊞田　その他農地　⊠工業用地　■宅地　水域・湿地　その他

図4-9　大阪圏における標高別の土地利用割合

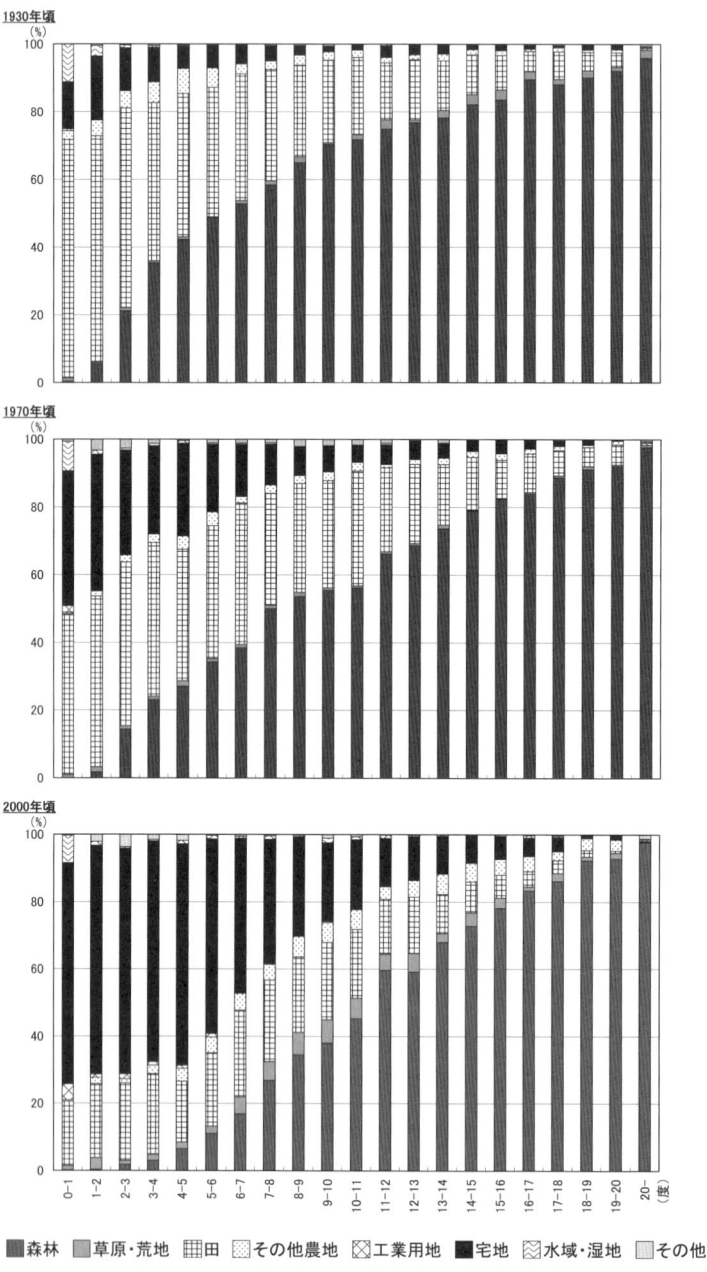

図 4-10　大阪圏における傾斜別の土地利用割合

標高ごとにみると，3都市圏ともに低標高地域の方が土地利用が変化しやすいということがいえる．これは低標高地域の面積が広く，まとまった土地開発が進みやすいことが要因として効いているといえる．標高 40 m 以下の地域は，札幌圏で 5,381 メッシュ（全体の 44.6％），東京圏で 26,503 メッシュ（全体の 53.4％），大阪圏で 4,727 メッシュ（全体の 20.9％）を占める．この標高帯では大阪圏の土地利用が最も高い割合で変化しているが，これは前述のように相対的に面積が狭い状況下で開発が進んできたことを示している．それ以上の標高では東京圏の方が高い割合で土地利用が変化しており，大阪圏がそれに次ぐ．これには東京圏の標高 40～100 m の面積が相対的に広いことが関係していると考えられる．札幌圏は，全体の変化割合は低いが，標高 160～340 m の地域では 3 都市圏で最も高い割合を示した．この標高帯は札幌市南部の豊平川沿岸の住宅地や温泉街などが相当する．

1970～2000 年頃で土地利用が変化した地域の割合を標高ごとにみると，1930～1970 年頃と同様に，3 都市圏ともに低標高地域で土地利用が変化しやすいということがいえる．そのなかでも標高 160 m までは東京圏の土地利用が最も高い割合で変化している．標高 160 m 以下の面積をみると，札幌圏 7,840 メッシュ（全体の 65.0％），東京圏 39,095 メッシュ（全体の 78.7％），大阪圏 11,946 メッシュ（全体の 52.8％）であり，面積の広狭が土地利用変化に関係しているといえる．一方，標高 160～240 m の地域では札幌圏が最も高く，前述の札幌市南部の宅地開発がこの時期も継続していることと関連している．それ以上の標高帯では 3 都市圏ともに同程度に土地利用変化率が低い．

次に，3 都市圏において 1930～1970 年頃で土地利用が変化した地域の割合を傾斜ごとにみると，3 都市圏ともに緩傾斜地域の方が土地利用変化しやすいということがいえる．傾斜 0～1 度では札幌圏が最も高い割合を示したが，傾斜 1 度以上の地域では東京圏の土地利用が最も高い割合で変化している．大阪圏がそれに次ぎ，札幌圏は傾斜 1 度以上の地域では逆に最も割合が低かった．

3 都市圏において 1970～2000 年頃で土地利用が変化した地域の割合を傾斜ごとにみると，1930～1970 年頃と同様に，傾斜 0～1 度の地域で最も高い割合で土地利用が変化したのは札幌圏であった．一方，傾斜 1 度以上の地域では東京圏が最も高い割合を示し，次いで大阪圏，札幌圏であった．札幌圏では傾斜

が急な地域ほど土地利用変化割合が低いという明瞭な相関関係がみられる一方，東京圏・大阪圏ではともに，傾斜5～6度に変化割合が最も高いピークがあり，それ以下では傾斜が急なほど変化割合が高く，それ以上では傾斜が急なほど変化割合が低い傾向がみられる。

　以上のことから，札幌圏は広大な平野部を有し，低標高・緩傾斜地域に開発適地としての余地を残しているといえる。東京圏も広大な平野部を有するものの，首都圏として早期に開発が始まり市街地の拡大が著しく，より標高が高く傾斜の急な地域へ開発が及んでいるといえる。一方，都市開発としては東京圏同様に先発地域である大阪圏は，平野部の面積も狭いため，より標高が高く傾斜の急な地域へ開発が及んでいるといえる。

5．おわりに

　本章では，札幌・東京・大阪3都市圏の3時期の土地利用メッシュデータをもとに，各都市圏の土地利用変化を時空間的に比較分析した。その結果，2大都市圏としての東京圏と大阪圏は非常に対照的であり，北海道の札幌圏は，その両都市圏の特徴を合わせ持つような変化をしてきたことが明らかとなった。

　地形条件は3都市圏で異なるが，土地利用変化と標高や傾斜との間には関係性がみられ，低標高・緩傾斜地域でより土地利用が変化しやすいということがわかった。札幌圏では低標高・緩傾斜地域で宅地の占める割合は相対的に低く，特に東部の低標高・緩傾斜地域で今後宅地化が進展する可能性が考えられる。東京圏では低標高・緩傾斜地域における宅地の割合は高かったが，北部の低標高・緩傾斜地域では田も多く分布している。大阪圏では低標高・緩傾斜地域の大部分が宅地化されている。このように低標高・緩傾斜地域で宅地の占める割合は3都市圏で異なっていたが，それは都市化の進展度の違いとともに，その地域の標高や傾斜といった地形条件に影響されていることがわかった。

（大原響丈・山下亜紀郎）

参考文献

金田章裕 2006. 位置と領域. 金田章裕・石川義孝編『日本の地誌 8　近畿圏』4-7. 朝倉書店.

小疇　尚 1994. 広びろとした北の大地―北海道の自然. 小疇　尚・福田正己・石城謙吉・酒井　昭・佐久間敏雄・菊地勝弘編『日本の自然　地域編 1　北海道』1-23. 岩波書店.

中村和郎 1994. 都市化が明らかにした大自然―関東の自然. 中村和郎・小池一之・武内和彦編『日本の自然　地域編 3　関東』1-23. 岩波書店.

土地利用変化と地形環境

第5章 アジアの大都市における土地利用変化と地形との関係
―ソウル・台北・ジャカルタの事例―

1. はじめに

　本章ではまず，土地利用メッシュデータを作成した海外の5都市のうち，都市としての発展段階や地形条件が顕著に異なるソウル，台北，ジャカルタの3都市圏（**口絵3，4，6**）を取り上げ，20世紀の100年間での急速な都市化に伴う土地利用変化と，標高・傾斜との関係について，特化係数を指標として分析する．次にジャカルタ圏を包含するチリウン・チサダネ川流域全体を対象に，土地利用変化と標高・傾斜との関係を分析する．なお地形データとしては，アメリカ地質調査所のウェブサイト（http://dds.cr.usgs.gov/srtm/）から無償ダウンロードできるSRTM（Shuttle Rader Topography Mission）の3秒メッシュ（約90mメッシュ）データを用い，GIS上で土地利用メッシュデータと重ねて，各メッシュの平均標高と平均傾斜を算出した．

2. 3都市圏における土地利用変化と標高・傾斜との関係

　ソウル，台北，ジャカルタの3都市圏について，20世紀初頭～半ば，半ば～2000年頃のそれぞれの期間における，自然緑地から農地，自然緑地から市街地，農地から市街地への土地利用変化の傾向を，標高別および傾斜別の特化係数として表現した．特化係数とは，対象地域全体に占めるある項目aの割合

と，特定の地域に占めるある項目 a の割合との比率であり，1 を超えて値が大きいほど，その特定地域において項目 a が特化していることを意味する。ここでは，対象地域全体に占める各標高（図 5-1，5-3，5-5 の横軸）や各傾斜（図 5-2，5-4，5-6 の横軸）の割合と，特定の土地利用変化を示したメッシュのみに占める各標高・傾斜の割合との比率を表している。つまり，図中で値が 1 を超えて大きいほど，当該の土地利用変化がその標高帯なり傾斜帯で特化していると解釈される。

ソウル圏における 20 世紀前半の自然緑地から農地への変化は，標高 20～70 m で特化している（図 5-1）。これが 20 世紀後半になると，40～100 m とより高標高の地域へシフトしている。自然緑地から市街地への変化ではその傾向がより顕著であり，20 世紀後半には市街地化がより高標高の地域へ及んだことがわかる。農地から市街地への変化は，より低標高の地域で特化している。傾斜に関しては（図 5-2），自然緑地から農地や市街地への変化は，20 世紀前半では 5 度未満の緩傾斜地域，20 世紀後半ではより傾斜のある 5～10 度の地域で特化している。農地から市街地への変化は，5 度未満の緩傾斜地域で特化している。以上のことから，ソウル圏では 20 世紀前半における土地利用変化は，低標高・緩傾斜地域に限られていたが，20 世紀後半に急激に市街地化が進展し，高標高・急傾斜の自然緑地であった地域にまで拡大したといえる。

台北圏では，20 世紀前半には標高 20～140 m の地域，20 世紀後半には標高 200～600 m の地域で，自然緑地から農地への変化が卓越している（図 5-3）。一方，市街地への変化は，標高 60 m 未満の低標高地域にきわめて偏っているといえる。傾斜に関しては（図 5-4），概ね緩傾斜の地域ほど土地利用変化が顕著であるが，20 世紀後半の自然緑地から農地への変化のみ，特に特化する傾斜がなく，このことは逆に，急傾斜地域でもそれなりに変化していることを意味する。以上のことから，台北圏は盆地に位置し低平地が狭いため，高標高地域での農地化が顕著である一方，市街地の拡大は低標高・緩傾斜地域に抑えられているといえる。

ジャカルタ圏では，20 世紀前半における標高 160～180 m での自然緑地から市街地への変化や，20 世紀後半における標高 140～200 m での自然緑地から農地への変化，60～70 m での自然緑地から市街地への変化などが顕著である

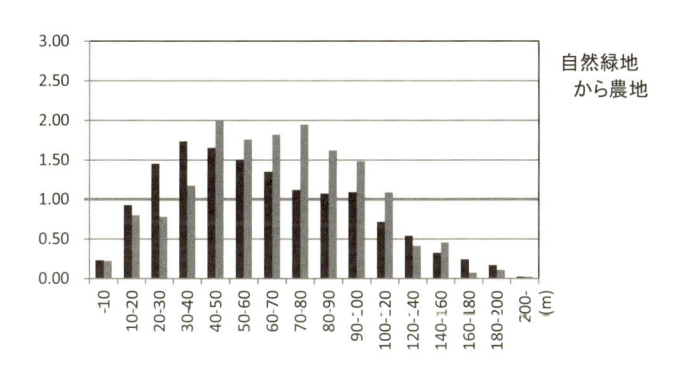

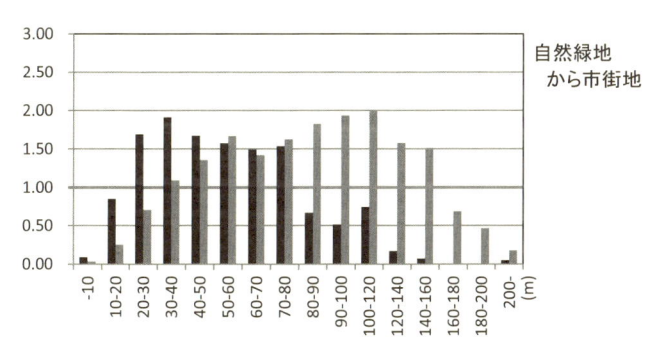

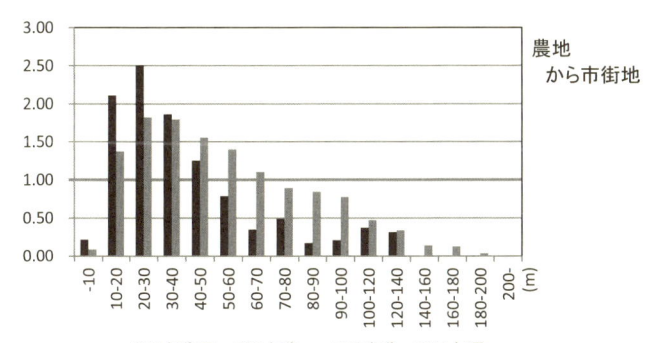

第5章　アジアの大都市における土地利用変化と地形との関係　　75

図 5-1　ソウル圏における土地利用変化の標高別特化係数

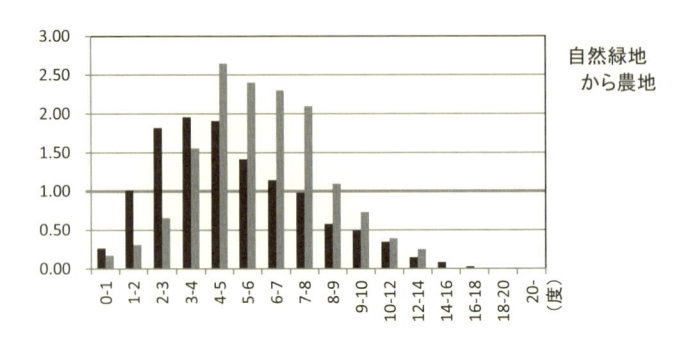

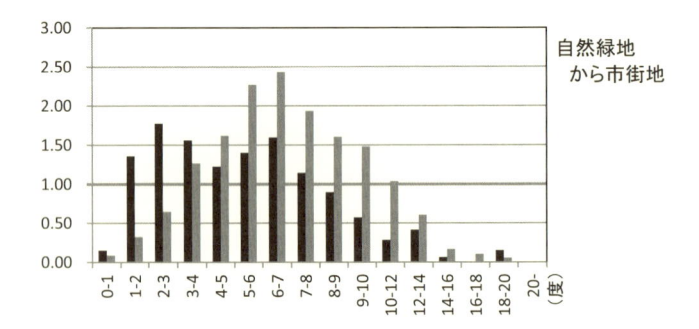

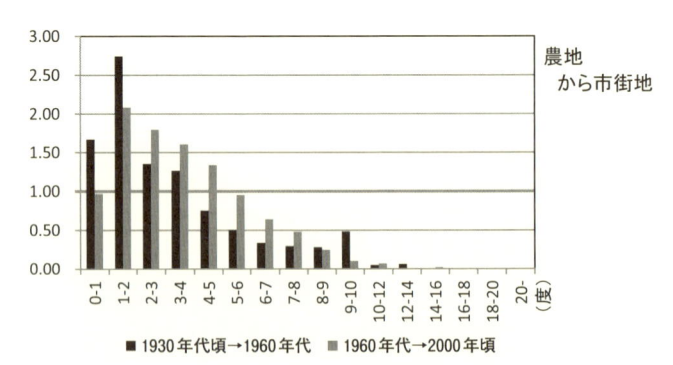

図 5-2　ソウル圏における土地利用変化の傾斜別特化係数

(■ 1930年代頃→1960年代　　■ 1960年代→2000年頃)

自然緑地から農地

自然緑地から市街地

農地から市街地

第5章　アジアの大都市における土地利用変化と地形との関係　　77

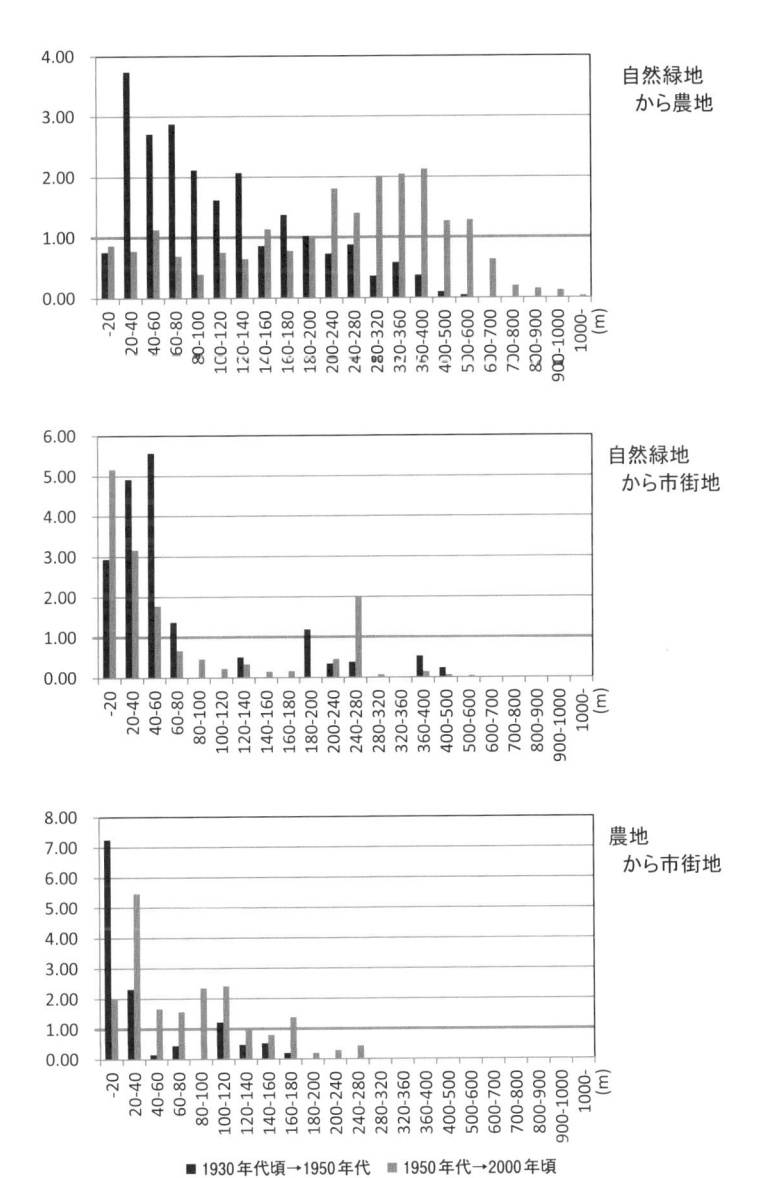

図 5-3　台北圏における土地利用変化の標高別特化係数

■ 1930年代頃→1950年代　　■ 1950年代→2000年頃

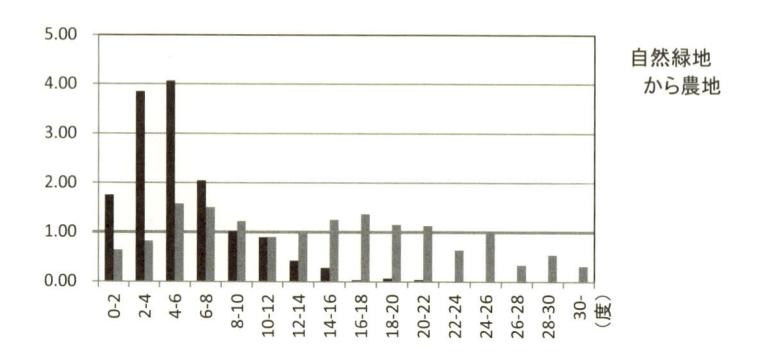

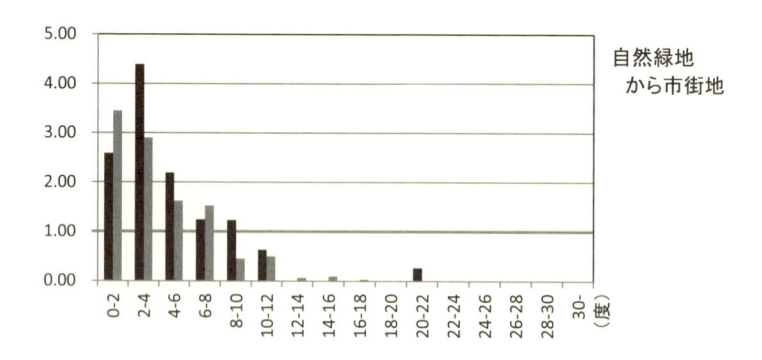

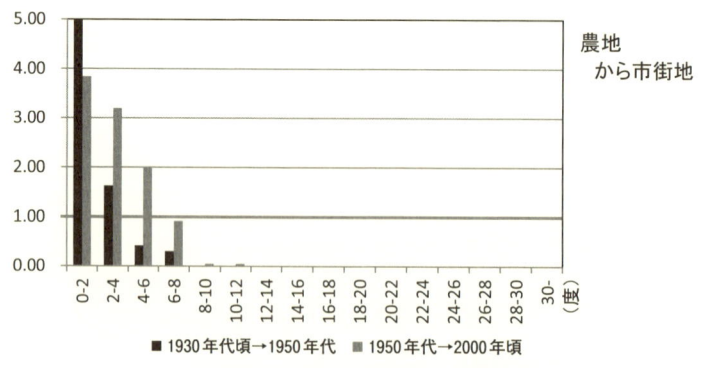

図 5-4 台北圏における土地利用変化の傾斜別特化係数

第5章　アジアの大都市における土地利用変化と地形との関係

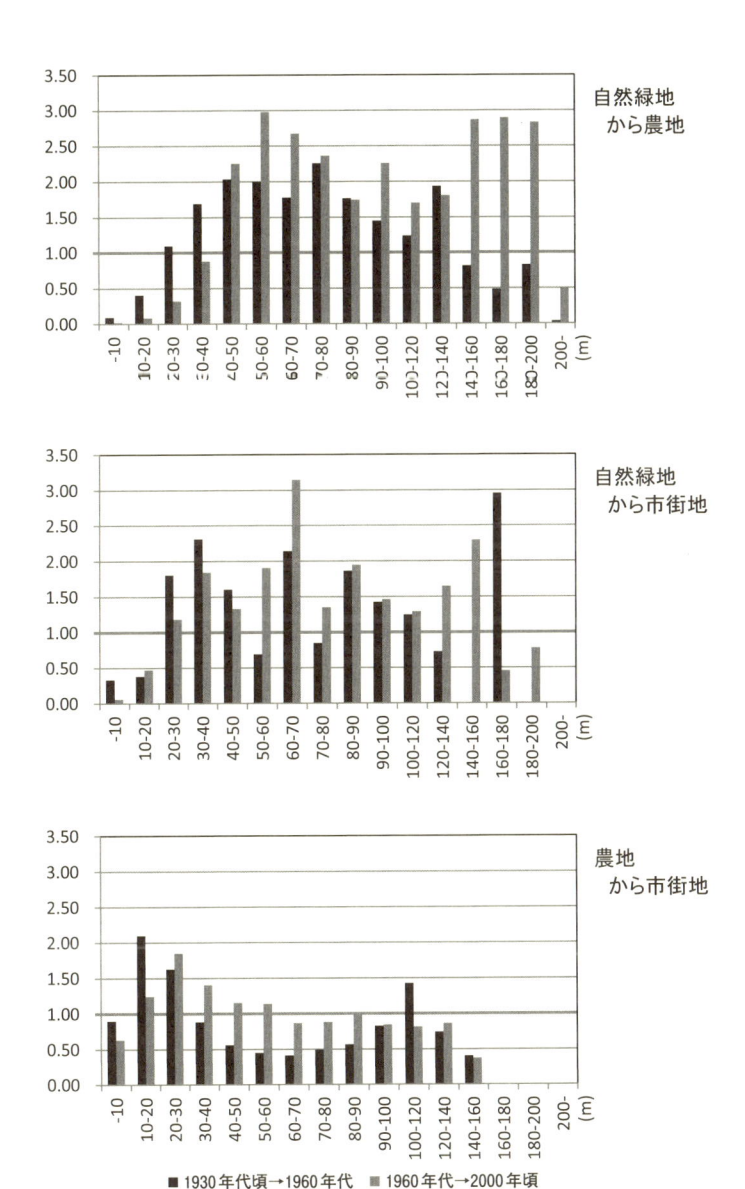

図 5-5　ジャカルタ圏における土地利用変化の標高別特化係数

■ 1930年代頃→1960年代　　■ 1960年代→2000年頃

■ 1930年代頃→1960年代　■ 1960年代→2000年頃

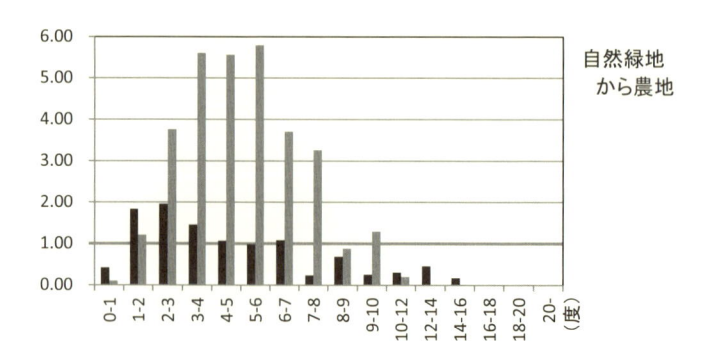

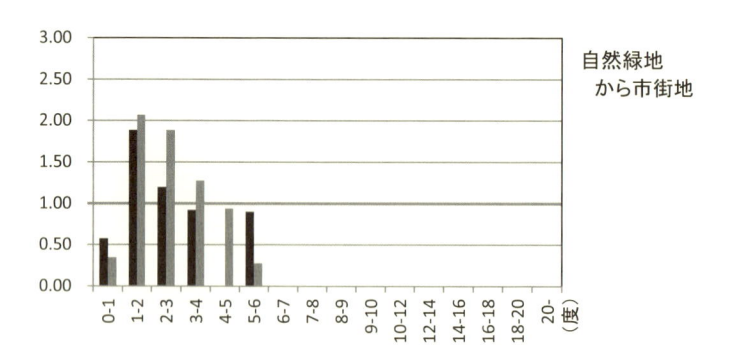

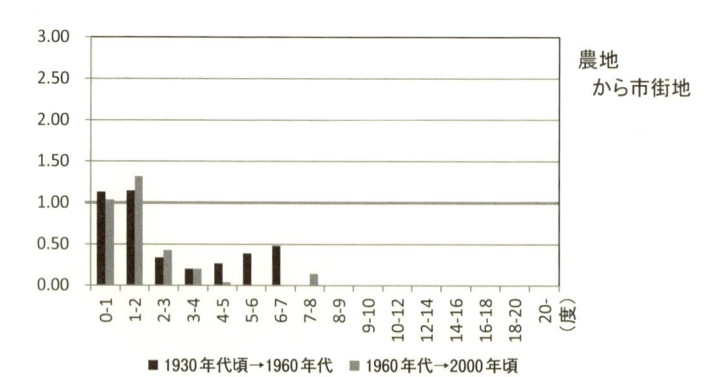

図 5-6　ジャカルタ圏における土地利用変化の傾斜別特化係数

（図5-5）。傾斜に関しては（図5-6），1〜3度の地域での自然緑地から市街地への変化や，20世紀後半における2〜8度の地域での自然緑地から農地への変化などが顕著である。以上を要約すると，ジャカルタ圏の広大な低平地は，20世紀初頭においてすでに大半が農地化されていた。20世紀後半に自然緑地が農地や市街地へ，さらに農地が市街地へと変化した。しかし，その土地利用変化には，盆地性のソウル圏や台北圏と異なり，標高の高低による明瞭な傾向は見出せず，地形的制約をあまり受けずにスプロール的に土地利用が変化したことがうかがえる。

3. チリウン・チサダネ川流域における土地利用変化と標高・傾斜との関係

前節で3都市圏における土地利用変化と標高・傾斜との関係を分析したが，ジャカルタ圏は，ほか2都市圏と比べて地形的起伏に乏しく，標高・傾斜と土地利用変化との関係性を明瞭に見出せなかった。そこで本節では，より広域な地域として，ジャカルタ圏の市街地へ流入する河川であるチリウン川とチサダネ川の流域全体を対象とし，土地利用変化と標高・傾斜との関係にみられる地理的特性を捉える。その際，ジャカルタ圏と同じ基準・方法で，流域全体の3時期の土地利用メッシュデータを追加で作成した。

3.1. チリウン・チサダネ川流域の概要

チリウン（Ciliwung）川とチサダネ（Cisadane）川は，インドネシアのジャワ島西部をほぼ並行して北流しジャワ海に注いでいる河川である。その流域は，ジャカルタ都および西ジャワ州とバンテン州にまたがる。下流域は低湿な地形であり，ジャカルタ，タンゲラン，ブカシといった首都圏の都市域の大半が含まれる。上流域は丘陵地や山地であるが，ジャカルタ郊外の避暑地としても知られるボゴールの市街地が立地し，両河川もその市内を流れている。

3.2. 各時期の土地利用分布の地域的特性

図5-7と図5-8はそれぞれ，3時期における各標高帯および傾斜帯別の

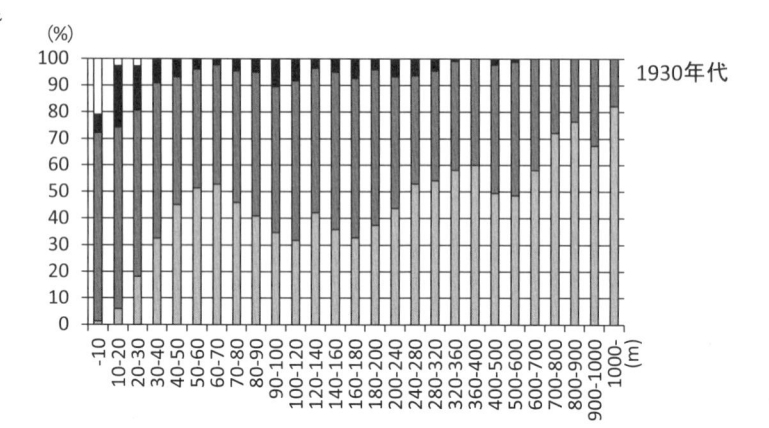

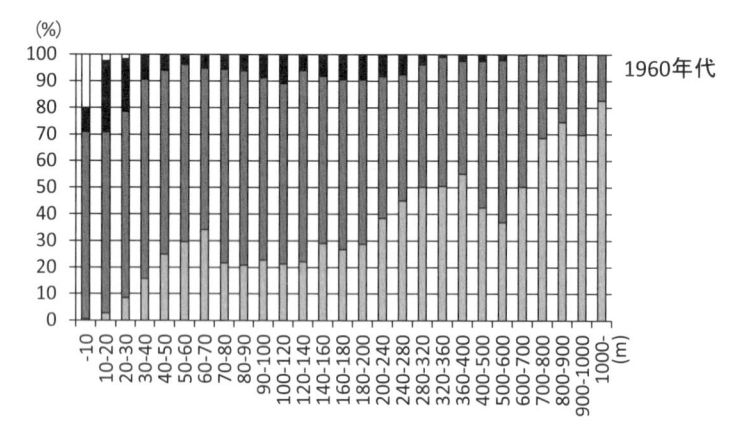

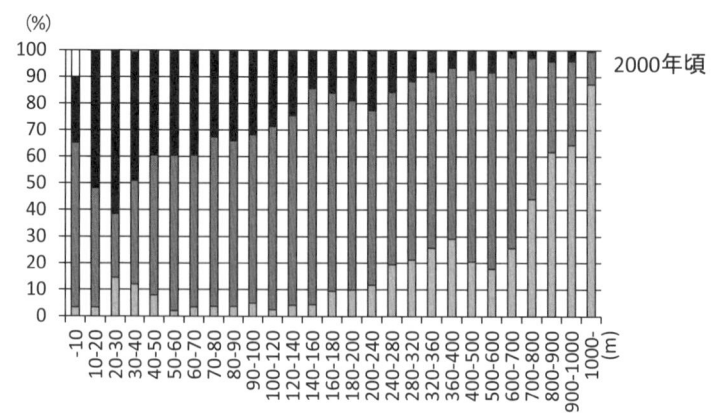

図 5-7　チリウン・チサダネ川流域における標高帯別の土地利用割合

第 5 章　アジアの大都市における土地利用変化と地形との関係　　83

1930年代

1960年代

2000年頃

□ 自然緑地　■ 農地　■ 市街地　□ その他

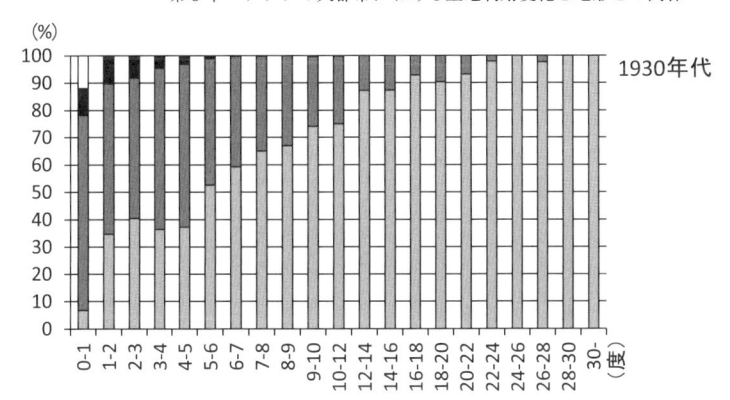

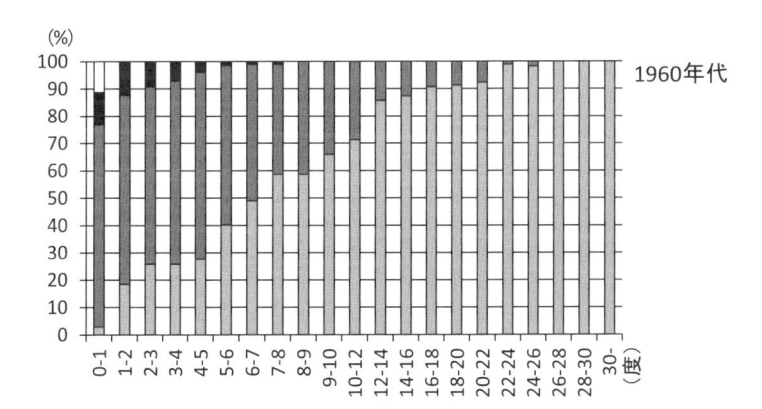

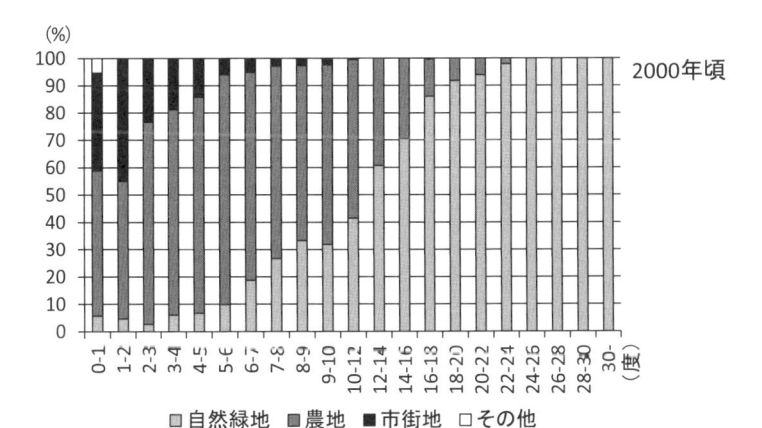

図 5-8　チリウン・チサダネ川流域における傾斜帯別の土地利用割合

自然緑地，農地，市街地の面積率を示している。なお「その他」には水域や湿地も含まれるため，10m未満の標高帯および1度未満の傾斜帯でその割合が高くなっている。

　両図によると，1930年代当時の市街地は，標高30m未満で傾斜の緩い下流域の低地部を除くとほとんど発達しておらず，標高700mくらいまでは農地と自然緑地が半々の面積を占める。農地のうちジャワ海沿岸の低地部を含む緩傾斜地は，そのほとんどが水田である。一方，上流域の傾斜のある丘陵地には，オランダ統治時代にプランテーションとして開発された茶畑が広がる。そして標高700mを超えると，森林面積が約7割を占める。

　1960年代になっても，標高帯別・傾斜帯別の土地利用割合の傾向には大きな変化はみられないものの，標高20〜200mで自然緑地の割合が減少し，農地の割合が増加している。この大半は水田への変化であり，既存の水田や集落に隣接する地域で，さらに水田が拡大した結果と考えられる。

　2000年頃になると，市街地の拡大が顕著である。特に標高10〜140mで市街地面積が増加しており，より低標高の地域ほどその面積率が高い。また，標高200〜240m付近も比較的市街地面積率が高いが，これはボゴールの市街地に相当すると思われる。標高帯別にみると，比較的広範囲で市街地面積率が高いが，傾斜帯別でみると，5度以上ではほとんど市街地はみられない。一方，農地の面積率は，標高40〜800mというかなり広い標高帯で50%を超えている。森林の面積率はそれに対して，標高700m未満では概ね20%を下回っており，傾斜帯別にみても，12度未満では50%を下回っている。その分布は，標高800m以上で傾斜16度以上の地域に限られているといえる。

3.3. 土地利用変化と標高・傾斜との関係

　次に，1930〜1960年代，1960〜2000年頃の2期間における，自然緑地から農地，自然緑地から市街地，農地から市街地への土地利用変化の傾向を，前節と同様，標高帯別および傾斜帯別の特化係数として表現した（**図5-9，5-10**）。ここでは，チリウン・チサダネ川流域全体に占める各標高帯・傾斜帯の割合と，特定の土地利用変化を示したメッシュのみに占める各標高帯・傾斜帯の割合との比率として特化係数を表している。

第5章　アジアの大都市における土地利用変化と地形との関係　85

自然緑地
から農地

自然緑地
から市街地

農地
から市街地

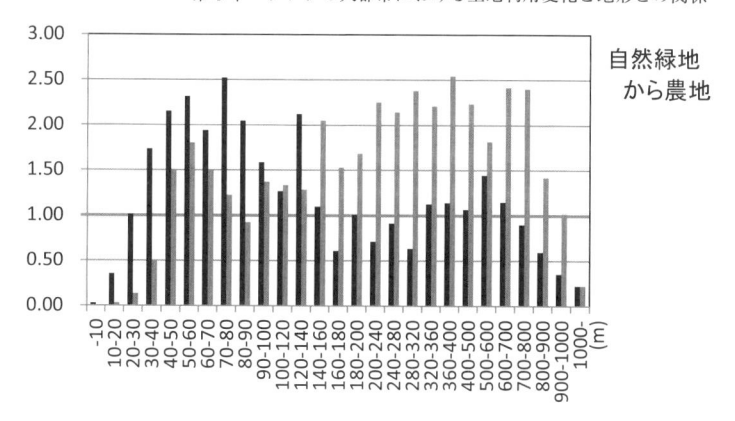

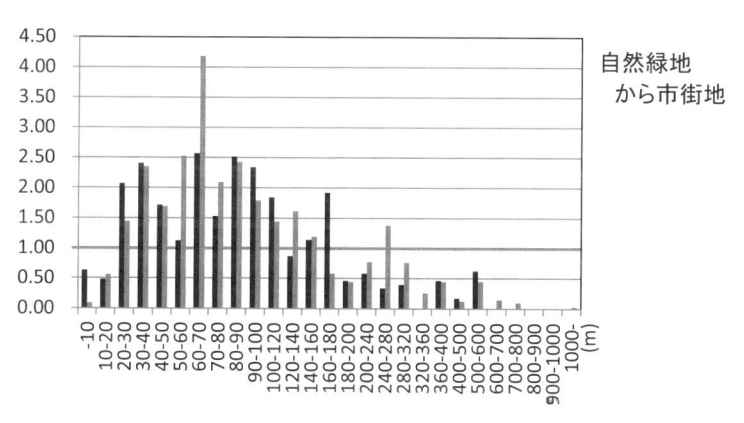

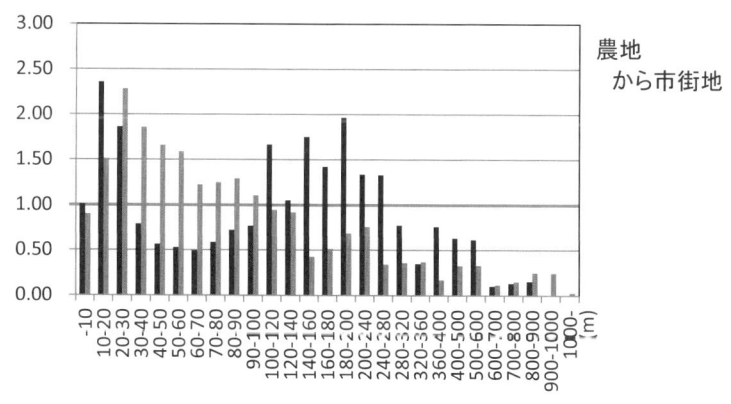

■ 1930年代→1960年代　■ 1960年代→2000年頃

図 5-9　チリウン・チサダネ川流域における土地利用変化の標高帯別特化係数

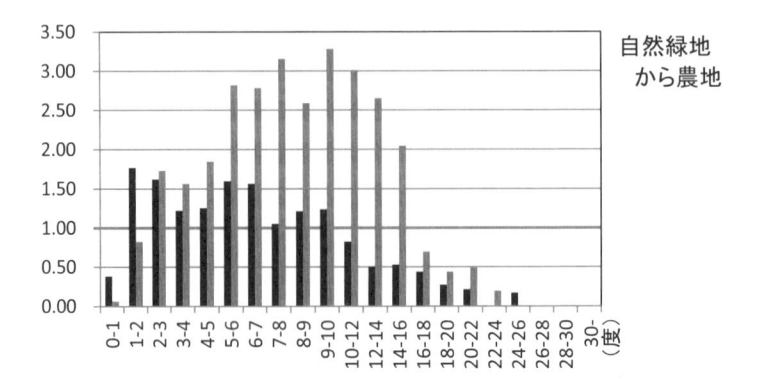

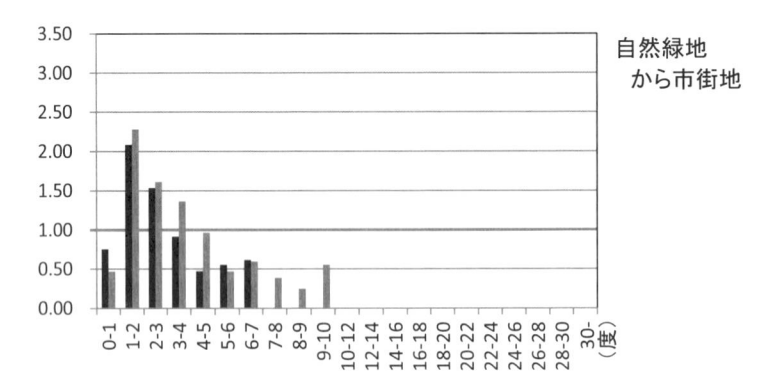

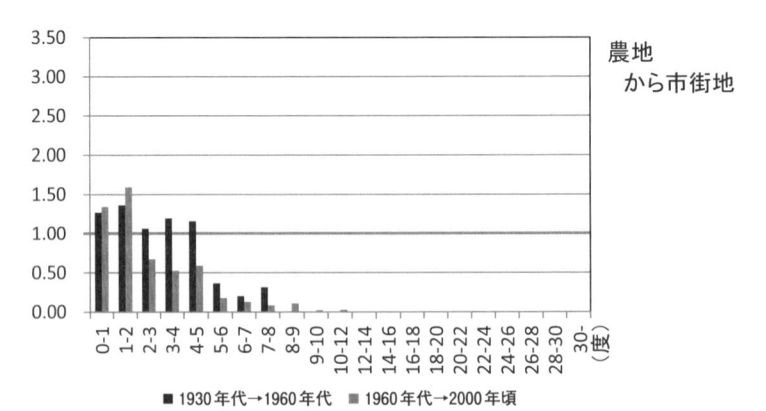

図 5-10　チリウン・チサダネ川流域における土地利用変化の傾斜帯別特化係数

まず，自然緑地から農地への土地利用変化の特化係数をみると，1930〜1960年代においては標高30〜140 m で特化している。これが1960〜2000年頃になると，この標高帯での特化係数は低下し，代わって140〜900 m とより高標高の地帯で高い値を示す。傾斜帯別では1930〜1960年代においては，1〜3度と5〜7度で特化していたが，1960〜2000年頃では5〜16度の傾斜帯で値が非常に高い。つまり，時代とともにより急傾斜の地帯で特化するようになったことがいえる。

次に，自然緑地から市街地への土地利用変化であるが，2期間における差異はほとんどないといえる。標高や傾斜との相関関係もあまりみられないが，これは当該の土地利用変化をした地域自体の面積が小さいことも要因の1つであろう。

最後に，農地から市街地への土地利用変化であるが，1930〜1960年代では標高30 m 未満で特化しているほかは100〜280 m で特化している。これは，流域内に広く点在する既存の小集落においてピンポイント的に市街地が拡大したことを反映しているといえる。一方，1960〜2000年頃では10〜100 m で特化している。これは，この期間における下流域でのジャカルタ首都圏の飛躍的発展を反映したものといえる。傾斜帯別では両期間とも緩傾斜地に偏っており，傾斜のあるところでは市街地化が進んでいないことが読み取れる。

3.4. まとめ

本節の分析からチリウン・チサダネ川流域における20世紀の100年間での土地利用変化は，次のように要約できる。

1930年代には市街地は下流域の限られた地域のみで，農地と自然緑地が流域の大半を占めていた。そのうち農地は，1960年代には中・下流域の比較的低標高・緩傾斜の地域へ拡大し，2000年頃には高標高で傾斜のある地域へも広がっていった。そして下流域の農地は，20世紀後半における首都圏の飛躍的発展によって，その多くが市街地へと変化した。すなわち下流域の低平地では，20世紀前半に自然緑地から農地，後半に農地から市街地という2段階の土地利用変化を経験した。一方，上流域では20世紀後半に自然緑地から農地へ土地利用が変化した。自然緑地から市街地への直接的な変化はあまりみられ

ないものの，2000年頃には自然緑地は，高標高の傾斜地としての最上流の山地部に残るのみとなった。 　　　　　　　　　　　　　　　　　　　　　　　　　　（山下亜紀郎）

土地利用変化と大気環境

第6章 都市の発展が市街地と周辺地域の地表面温度差に与える影響

1. はじめに

　都市で発生するヒートアイランド現象は，熱中症や睡眠障害など人間の健康に影響を及ぼすことが知られている（例えば，岡野ほか，2008；気象庁，2010）。ここでヒートアイランドとは都市中心部の気温が郊外に比べて高くなる現象であり，その温度差，いわゆるヒートアイランド強度と都市の規模（人口）については，例えば，福岡（1983）は日本の諸都市では人口30万付近で回帰直線の傾きが変化すると示しており，朴（1987）も同様の傾向が韓国の諸都市でもみられるとしている。一方，Oke（1973）や榊原・北原（2003）などによる，対数比例の関係にあるという報告もなされている。一般的に，都市の規模が小さい場合は中心部と郊外の気温差が小さくなるため，ヒートアイランドが社会保健的な側面で問題になることは少ない。しかしながら，人間活動が活発化し都市の規模が拡大すると，中心部と郊外の気温差が大きくなり，それまで問題視されなかったヒートアイランドが深刻な社会保健的な問題として発現してくる。

　本章では，7都市を対象に，市街地とその周辺地域の日中の温度ヒストグラムを調べることにより，都市の発展がそれらの温度差にどのような影響を与えているかを考察する。分析対象とした7都市は，都市の成長に伴って周辺にある自然緑地や農地へ市街地を拡大させた歴史をもっており，早くから発展した

順に並べると，東京・大阪，ソウル・台北，バンコク，ジャカルタ・マニラとなる（Yoshikoshi, 2011）。

　温度差を見積もる方法としては，自動車などに温度ロガーを設置し対象地域を周回することで気温データを取得する移動観測（例えば，高橋ほか，1981；武市，2002）や，複数の温度ロガーを対象地域に設置し気温データを取得する定点観測（例えば，三上ほか，2004；重田・大橋，2009）などが挙げられる。しかしながら，本章の対象地域は複数あり，かつ広域であるため詳細な気温データを現地観測により取得することは困難である。そこで，気温とは異なった物理量であるため，特に日中において複雑な3次元形状を有する市街地などでは誤差が生じる可能性があることに留意しなくてはならないものの（例えば，Carnahan and Larson, 1990；近藤ほか，1997；厳・三上，2002），広域性・同時性といったほかの観測方法にはない特徴をもつリモートセンシングデータ（Landsat-7/ETM+）より得られた放射輝度から推定された地表面温度を，気温データの代わりとして用いることとした。

2. 分析方法

2.1. 市街地と周辺地域の定義

　本章が分析対象とした範囲の土地利用を口絵9，図6-1に示す。本章では9つの土地利用区分のうち，メッシュ数の少ない「工業用地」および「その他」，さらに対象外としている水域に相当する「海」および「水域・湿地」を除外した残りの5区分に該当するメッシュのみを分析の対象とした。そして，この5つの土地利用区分のうち，「宅地」メッシュに重なるLandsat-7/ETM+のピクセル（リモートセンシングデータの画像を構成する画素）を市街地ピクセル，「森林」，「草原・荒地」，「田」および「その他農地」に重なるピクセルを周辺地域ピクセルと同定した。

　まずLandsat-7/ETM+のピクセルごとに地表面温度の算出を行うとともに，当該ピクセルの土地利用を「宅地」，「森林」，「草原・荒地」，「田」，「その他農地」に区別した。次に，土地利用別に地表面温度のヒストグラムを作成し，それらを比較することで市街地と周辺地域の地表面温度差を推定した。以下に，

第 6 章　都市の発展が市街地と周辺地域の地表面温度差に与える影響　　91

地表面温度の算出方法および土地利用の識別方法の詳細を述べる。

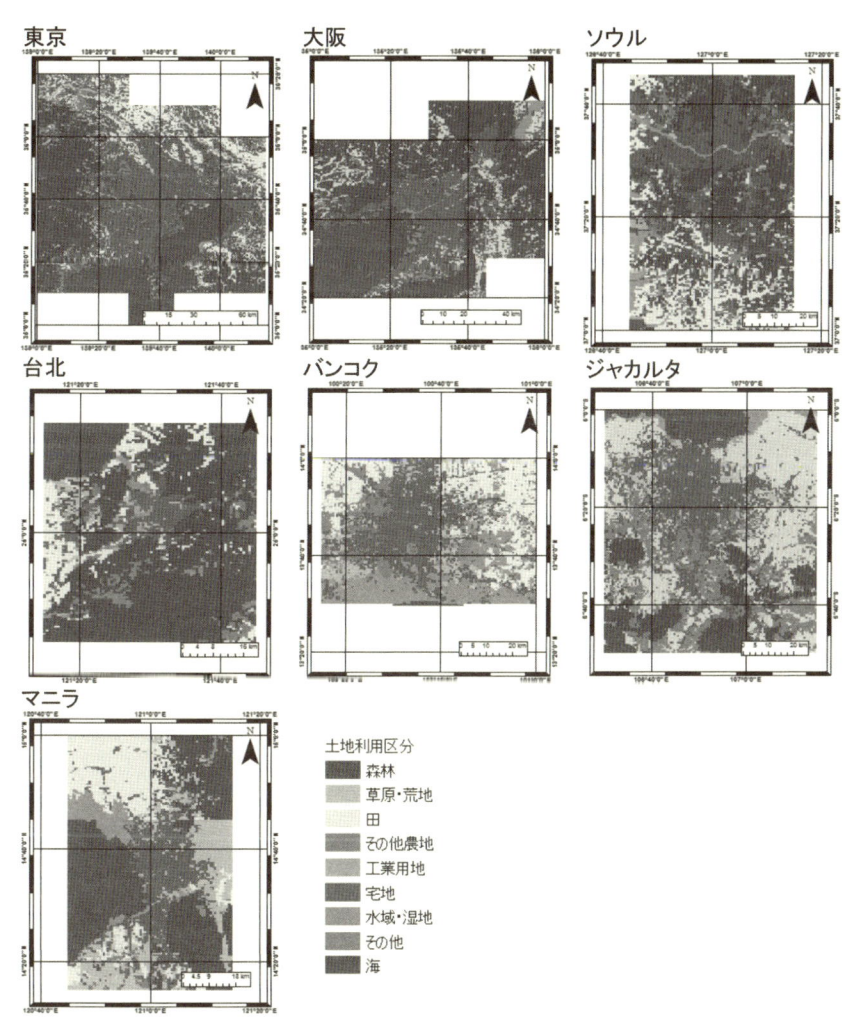

図 6-1　分析対象範囲の土地利用（2000 年頃）（口絵 9）

2.2. 地表面温度の算出方法

本章で用いた Landsat-7 は 1999 年 4 月 15 日にアメリカ航空宇宙局（NASA：National Aeronautics and Space Administration）により打ち上げられた地球観測衛星であり，ETM+（Enhanced Thematic Mapper, Plus）と呼ばれる光学センサが搭載されている。空間分解能は，熱赤外バンド（band 6, 波長域 10.4〜12.5 μm）が 60 m，その他の可視近赤外（band 1〜5 および 7, 波長域 0.45〜2.35 μm）が 30 m，パンクロマチックバンド（band 8, 波長域 0.50〜0.90 μm）が 15 m であり，観測幅は 185 km である。熱赤外バンドのデジタル値 DN から地表面温度 T を推定する方法として，まず式(1)にて放射輝度への変換を行い，次に式(2)にて放射輝度から地表面温度への変換を行った。なお，放射輝度や地表面温度の変換に必要な計算式および係数はアメリカ地質調査所（USGS：United States of America Geological Survey）により公開されている手順に従い，まず式(1)

$$R = ((L_{max} - L_{min}) / (QCAL_{max} - QCAL_{min})) \times (DN - QCAL_{min}) + L_{min} \quad \cdots\cdots(1)$$

によりデジタル値 DN を放射輝度 band 6 に変換し，次に式(2)

$$T = 1282.71 / ln(666.09 / \text{band } 6 + 1) - 273.15 \quad \cdots\cdots(2)$$

を用いて，放射輝度 band 6 から地表面温度 T を推定する手順をとった。ここで，L_{max}：最大放射輝度，L_{min}：最小放射輝度，$QCAL_{max}$：最大諧調値，$QCAL_{min}$：最小諧調値である。雲頂高度に比べて地表面温度がきわめて高温であることを利用して，放射輝度による閾値を定めて雲ピクセルを解析対象外とした。また，本章にて使用した衛星画像の撮影日は各都市の平均気温が高い時期から雲量の少ない日を選定しており，東京は 2002 年 8 月 10 日，大阪は 2000 年 8 月 25 日，ソウルは 2000 年 9 月 4 日，台北は 2002 年 8 月 16 日，バンコクは 2002 年 4 月 14 日，ジャカルタは 2000 年 9 月 14 日，マニラは 2002 年 4 月 3 日であり，いずれの場合も衛星は午前 10 時から 11 時頃に通過している。図 **6-2** に 7 都市圏の地表面温度を示す。

第6章　都市の発展が市街地と周辺地域の地表面温度差に与える影響　　93

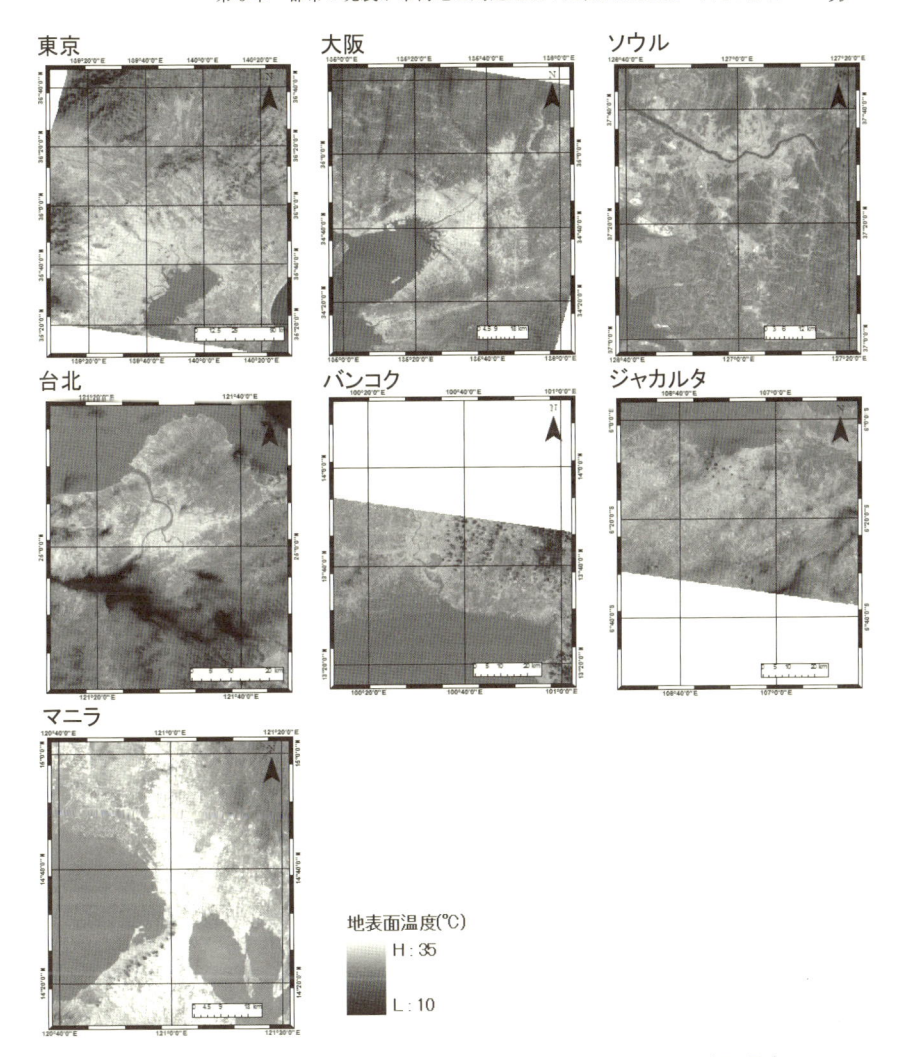

図 6-2　Landsat-7/ETM+ band 6 より推定された対象地域の地表面温度

3. 結　果

図6-3に都市別・土地利用別の地表面温度ヒストグラムの比較を示す。

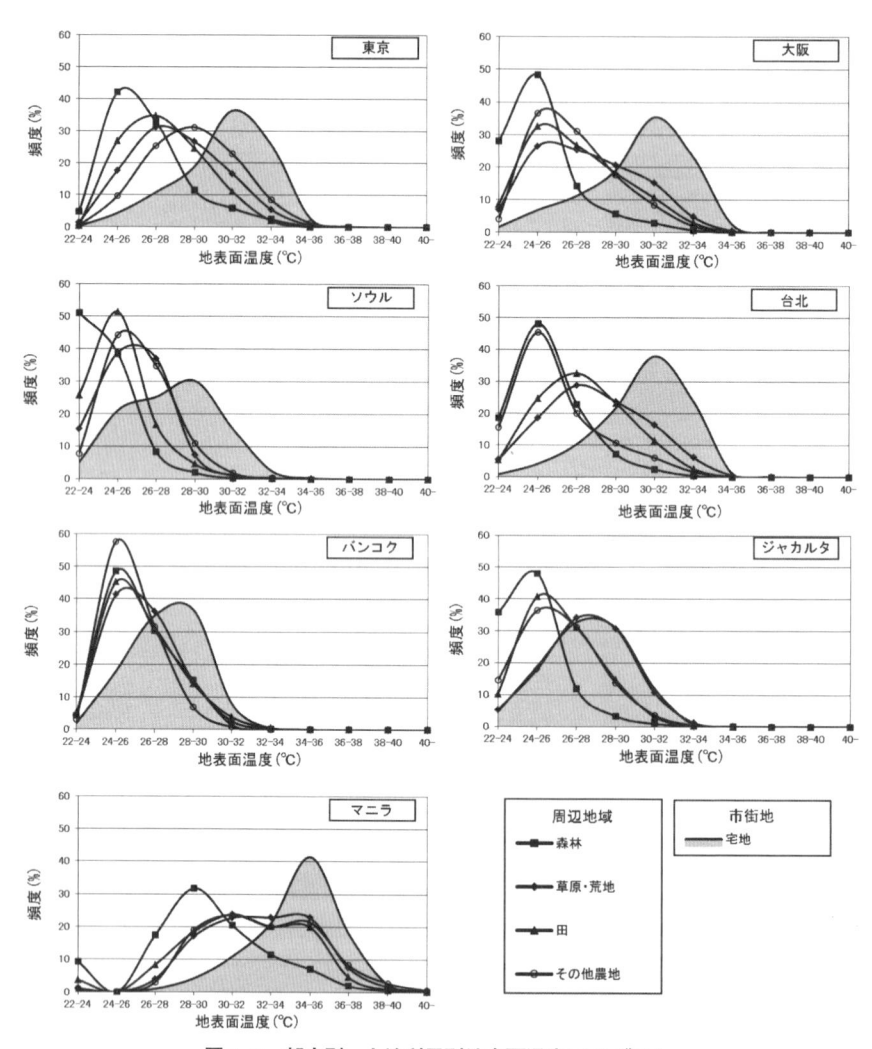

図6-3　都市別・土地利用別地表面温度ヒストグラム

図6-3によると，例えば東京では市街地と周辺地域の地表面温度ヒストグラムに差が生じている様子がみて取れる．特に宅地と森林の差は大きく，宅地は30〜32℃に地表面温度ヒストグラムのピークが現れるのに対して，森林は24〜26℃に地表面温度ヒストグラムのピークが現れ，その差は6〜8℃となっている．また，大阪やソウル，台北，マニラでも同様に，宅地と森林の地表面温度ヒストグラムのピークの差が6〜8℃となっている．

次にバンコクとジャカルタをみると，上述した都市（東京，大阪，ソウル，台北，マニラ）と同様に市街地と周辺地域の地表面温度ヒストグラムに差が生じているものの，宅地と森林の地表面温度ヒストグラムのピークはバンコクが28〜30℃および24〜26℃，ジャカルタが26〜28℃および24〜26℃となっており，その差はそれぞれ4〜6℃，2〜4℃となっている．これは，東京，大阪，ソウル，台北，マニラと比べて小さい値である．この要因の1つとして，東京，大阪，ソウル，台北と比べてバンコクやジャカルタの都市の発展が遅かったことが考えられる．一方，都市の発展段階がジャカルタと同程度と考えられるマニラの地表面温度ヒストグラムのピークの差が発展の早かった都市と同程度になった点においては，例えば土地利用別の地表面温度ヒストグラムにミクセル（土地利用が混在している状況．本章で使用している土地利用データは500 mメッシュ内の卓越土地利用をカテゴリーデータ化したものである）がより強く影響した可能性などいくつかの要因が考えられるため，今後さらに詳細な分析・評価が必要とされる．

マニラの地表面温度ヒストグラムに現れているような問題点はあるものの，Yoshikoshi (2011) がこれら7都市ではすでに地下水位の低下や地盤沈下といったほかの都市環境問題が発展段階に応じて次々と発生していると論じているように，バンコクやジャカルタにおいても今後，都市が発展するに従って，地表面温度ヒストグラムのピークの差が発展の早かった都市と同様に大きくなる，すなわち都市の熱環境が悪化する可能性がある．そのため，今後も継続した調査を行っていくことが必要とされる．

4. まとめと今後の課題

本章では，7都市の2000年頃の土地利用メッシュデータとLandsat-7/ETM+の放射輝度から推定された地表面温度を用いて，土地利用別に地表面温度ヒストグラムを作成し，それらの比較・考察を行った。

その結果，7都市すべてにおいて市街地と周辺地域の地表面温度ヒストグラムには差が生じており，特に宅地と森林の差が大きいことがわかった。さらに，宅地と森林の地表面温度ヒストグラムのピークの差は，マニラの結果においては課題があるものの，東京，大阪，ソウル，台北と比べて，都市の発展が遅いバンコク，ジャカルタで小さくなる傾向がみられた。

今後の課題として，夜間の地表面温度が気温との間に関係があることが報告されていることから（厳・三上，2002），日中の地表面温度のみならず夜間の地表面温度を用いて同様の評価を行うこと，複数の衛星画像を用いてのコンポジット画像の作成を行うことで信頼性を向上させること，土地利用メッシュサイズをより細分化することなどが挙げられる。

（白木洋平）

参考文献

岡野泰久・井原智彦・玄地 裕 2008．インターネット調査を用いた夜間のヒートアイランド現象による睡眠障害の影響評価．日本ヒートアイランド学会論文集3：22-33．

気象庁 2010．ヒートアイランド監視報告．http://www.data.kishou.go.jp/climate/cpdinfo/himr/2010/himr2010.pdf（最終閲覧日：2011年3月10日）

厳 網林・三上岳彦 2002．ランドサットTM熱画像による輝度温度と地上気温との関係の分析．地学雑誌111：695-710．

近藤昭彦・宝 馨・立川康人 1997．航空機MSSリモートセンシングによるヒートアイランド現象の解析—気温と地表面温度の同時観測による検討—．地学雑誌106：377-385．

榊原保志・北原祐一 2003．日本の諸都市における人口とヒートアイランド強度の関係．天気50：625-633．

重田祥範・大橋唯太 2009．岡山市を対象とした細密な気象観測によるヒートアイランド強度の解析．天気56：443-454．

高橋百之・関根 清・岩田知子・小坂祐子・福脇左千江 1981．大垣市のラフネスパラメーターについて．地理学評論54：579-594．

武市伸幸 2002．高知県南国市のヒートアイランドと形成要因．天気49：47-56．

朴　恵淑 1987. 日本と韓国の諸都市における都市規模とヒートアイランド強度．地理学評論 60A：238-250.

福岡義隆 1983. 都市の規模とヒートアイランド．地理 28：34-42.

三上岳彦・安藤晴夫・横山　仁・山口隆子・石井康一郎・塩田　勉・森島　済・小島茂喜・泉　岳彦 2004. 東京都区内における夏期ヒートアイランドの時空間変動．東京都環境科学研究所年報 2004：11-17.

Carnahan, W. H. and Larson, R. C. 1990. An analysis of an urban heat sink. *Remote Sens. Environ*. 33: 65-71.

Oke, T. R. 1973. City size and the urban heat island. *Atmos. Environ*. 7: 769-779.

Yoshikoshi, A. 2011. Urban development and water environment changes in Asian megacities. In Taniguchi, M. ed. *Groundwater and Subsurface Environments: Human Impacts in Asian Coastal Cities*, Springer, 35-59

土地利用変化と大気環境

第7章　都市の発展と地下温度上昇

1. はじめに

　アジアで定期的な気象観測が行われるようになったのは，わずかに130年ほど前のことである。また，気候学者たちはさまざまな手法を開発しては，過去の気候を復原する試みに取り組んできた。しかし，情報の時間的あるいは空間的な欠落はいかんともしがたい状況にある。最近では，気象モデルや計算機の発達により，過去の詳細な土地利用や地表面境界条件の分布データを与えることで，対象地域における過去の地上気温分布などを計算することが可能となっている。著者は日本全国を2kmグリッドで覆う土地利用分布のデジタルデータセットを用いて，メソスケール気象モデルによる数値シミュレーションを行い，過去135年間（1850年頃～1985年）の土地利用変化がもたらした局地的な温暖化の抽出を試みた（Ichinose, 2003）。この期間，東京と大阪の周辺では，土地利用変化（都市化）に伴う局地的な温暖化が進行している。しかしながら，過去の気候変化を記録した長期間のデータは限られており，その検証は容易ではない。

　数値シミュレーションと地上気象観測データとの比較により遡ることができるのは，当然ながら地上気象観測が行われ始めた時代までである。一方，地下温度の鉛直プロファイルは，過去の地表面温度（通年の平均値）を記録しているものと考えられる（Huang et al., 2000）。よって，観測時代における地表面

温度の計算結果（変化傾向）と地下温度の鉛直プロファイルから推定される地表面温度の上昇が整合的なものであると確かめられるのであれば，観測時代以前について行われる数値シミュレーションの結果を下支えする材料となろう。また，観測時代以前の過去における地表面温度が地下温度の鉛直プロファイル解析により再現できれば，地上気温（通年の平均値）の推定も容易になる。地上気温の変化要因は，気塊の移流などを除き，地表面温度の変化（地表面との熱交換）が主たるものだからである。

そこで著者は，メソスケール気象モデルのCSU‐MM（Pielke, 1974; Ichinose, 2003）に，2kmグリッドに再編成した土地利用データセットを入力し，都市化に伴う都市の地表面温度上昇の数値シミュレーションを行った。また，定期的な気象観測が行われる以前には，計算結果と比較可能な気象データが存在しないため，このデータセットを地表面境界条件として気象モデルに入力し，数値シミュレーションで得られる地表面温度の変化傾向と，過去の地表面温度を記録していると考えられる地下温度の鉛直プロファイル（Taniguchi et al., 2009）との比較を行った。その鉛直プロファイルによると，東京とバンコクではそれぞれ，100年あたり2.8℃，1.8℃の地表面温度上昇がみられる（Taniguchi et al., 2009）。一方，本書の土地利用データセットからは，20世紀における7都市での土地利用変化，つまり都市域の拡大が主な特徴として読み取れる（口絵1～7）。このような大規模な地表面の人為的な改変は，地表面熱収支の変化（日射の蓄熱や人工排熱の増大）を通じて局地的な気候変化をもたらすものと思われる。本章では，20世紀以降の土地利用変化がもたらした地下の温暖化の定量化を試みる。

2. 土地利用情報の整備

上述の数値シミュレーションに際しては，土地利用・土地被覆データを地表面パラメータに変換する必要がある。著者はAnthes et al.（1987）やIchinose et al.（1999）を参考に，6つの地表面パラメータ（アルベド，蒸発効率，地表面粗度，地表面構成物質の密度，比熱，熱拡散係数）を，それぞれの土地利用区分（田，畑，果樹園，樹木，森林，荒地，建物用地，幹線交通用地，その他

の用地，水面）ごとに定めている（Ichinose, 2003）。今回の計算にあたっても，土地利用メッシュデータの各土地利用項目について，上述の土地利用区分（10種類）のうち，最も近いと思われるカテゴリーにおける数値を採用している。また，市街地（建物用地，幹線交通用地）には人工排熱の存在を仮定した。Ichinose et al. (1999) を参考に，2000年時点における各都市の最暖候期日平均値を 30 W/m^2 に設定し，日変化を与えている。また，20世紀初頭における排熱強度は 2000 年段階の 50% に設定した。

3. メソスケール気象モデルの概要

本計算で用いられたのは，CSU‐MM (Colorado State University Mesoscale Model) (Pielke, 1974) をベースにいくつかの改良（Ulrickson and Mass, 1990; Kessler and Douglas, 1992）が加えられたモデルに対し，著者らが複数の地表面境界条件（アルベドや人工排熱など）を各グリッドへ入力できるよう加工したバージョン（Ichinose et al., 1999）である。計算時間は 48 時間分とし，静穏な快晴条件（日中最も高温が出現すると考えられる）を仮定した。各対象都市における年最高気温出現季典型日の午前 0 時より計算を始め，計算結果がより安定すると考えられる後半の 24 時間分の出力を解析した。計算のタイムステップは 15 秒である。鉛直方向のグリッド構成も Ichinose (2003) と同じである。また計算の初期値として，代表的な観測値が必要となるため，各対象都市において公開されている観測データから初期値を作成した。それらは，海水面温度，地上気温（地表面温度）の初期値，地上気圧，温位の鉛直勾配，地上の相対湿度，風向・風速の鉛直プロファイルである。過去時点の計算にあたっては，現在の観測データから初期値を作成する場合，地球温暖化などの影響が考慮されないことになるが，今回の計算の目的は都市化のもたらす潜在的な影響の検出であるため，過去時点の計算においても現在のものと同じ初期値を用いている。

4. 地表面温度の数値シミュレーション

これらの計算結果のうち，以下では地表面下 2.5 cm（地中最上鉛直グリッドにおける中央の深さ）における温度の水平分布と日変化に注目する（口絵 10，11，図 7-1〜7-4）。口絵 11，図 7-2 にバンコクの計算結果を例示する。午前 3 時には，1910 年において中心市街地およびチャオプラヤ川沿いで 301K となっており，ところどころに 303K のホットスポットがみられる。一方，郊外は広域に 298K となっており，海域は初期設定した 303K のままである。2000 年においては，中心市街地の高温域は目立たず，新たに都市化した北の郊外が 303 K へと上昇している。午後 3 時には，1910 年において中心市街地が 324K となっているほかは，313K 前後のゾーンが広域に広がる。また，海域とチャオプラヤ川沿いのクールスポットが 303K となっている。2000 年においては，中心市街地の高温域はやはり目立たず，北の郊外が 329K にまで上昇している。

対象都市における都市の発展段階や地下温度の鉛直プロファイル

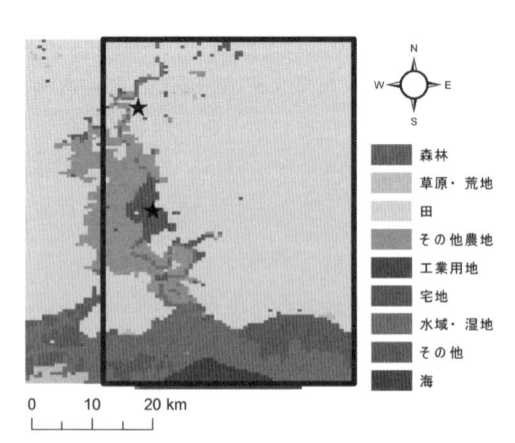

図7-1　バンコク圏における 1910 年代の土地利用分布と分析範囲（口絵 10）
　　　　図中の星は中心市街地と北の郊外の位置を示す。
　　　　図中の太枠の内側が図 7-2 に示された領域に対応する。

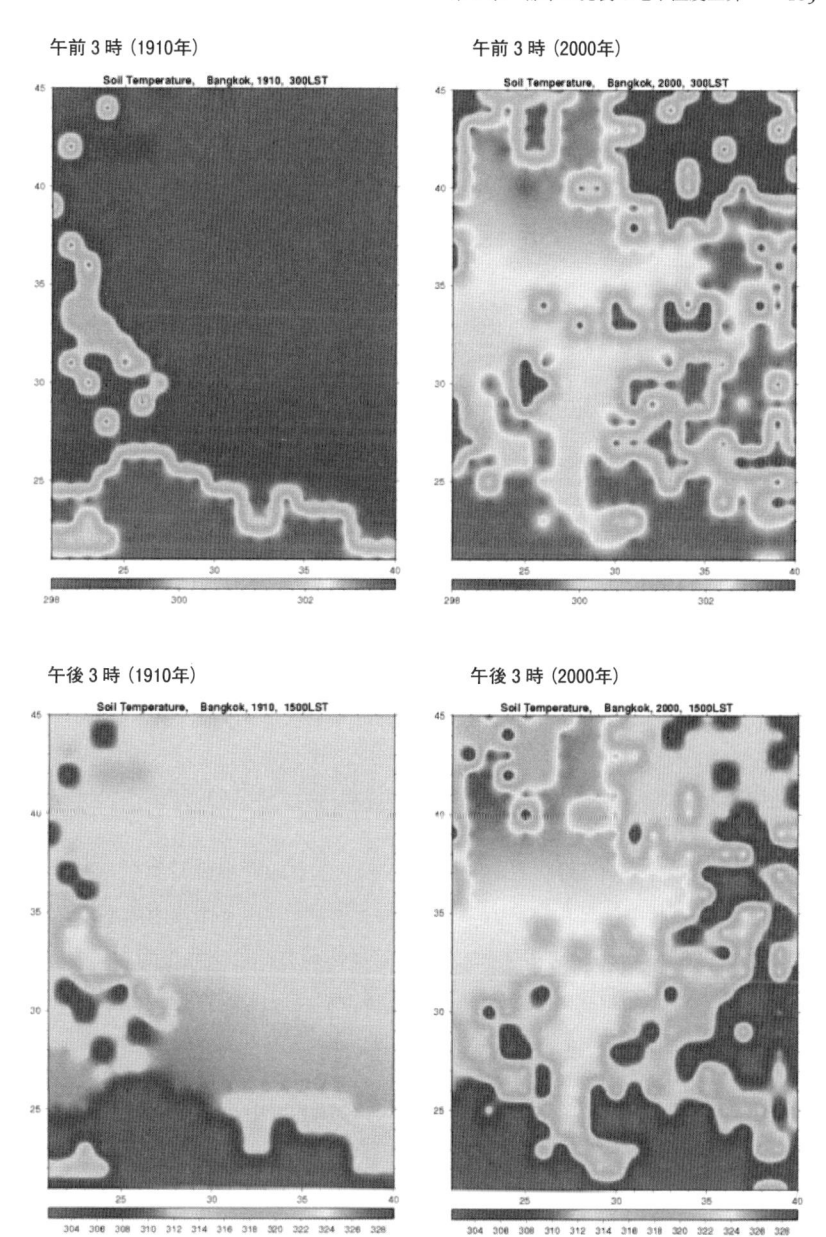

午前3時（1910年）　　　　午前3時（2000年）

午後3時（1910年）　　　　午後3時（2000年）

図7-2　バンコク周辺の最暖候期（3月末の静穏晴天日）における計算地表面温度（口絵11）
同一時間帯における気温のレンジは共通である。

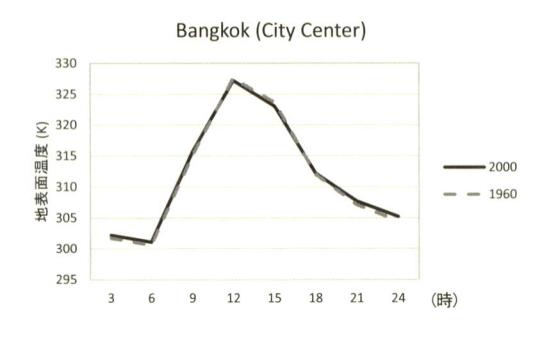

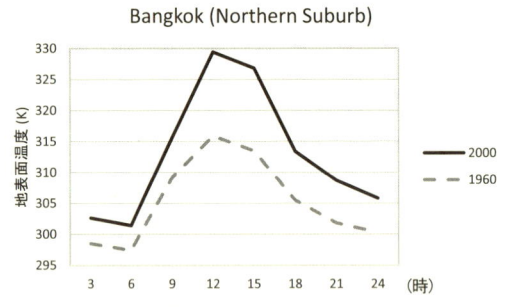

図 7-3　2 時点における最暖候期（静穏晴天日）の地表面温度日変化．
　　　　バンコクにおける地表面温度上昇（1960 ～ 2000 年頃）
　　　　計算値の比較

(Taniguchi et al., 2009) には多様性がみられるものの，通年で最も気温の高くなる季節（北半球中緯度では 7 月末，北半球低緯度では 3 月末（乾季の後半），南半球低緯度では 7 月末（乾季の後半））の静穏晴天条件のみを計算した場合，いずれの都市の中心市街地においても 100 年あたり 1.1 K 前後の温度上昇が得られた（図 7 - 4，表 7 - 1）。一方，前述した通り，東京とバンコクではそれぞれ，100 年あたり 2.8 ℃，1.8 ℃の地表面温度上昇（表 7 - 2）がみられる (Taniguchi et al., 2009)。それにもかかわらずこのような均一な結果になってしまったのは，20 世紀初頭にはいずれの大都市においても，中心部がすでに都市化していたためである。中心市街地では，2 時点のグラフにほとんど差がみられない一方，バンコクの北の郊外では水田から市街地への変化により，20 世紀後半における急激な温度上昇がみられる。とりわけ，日中は 15K 前後,

第7章　都市の発展と地下温度上昇

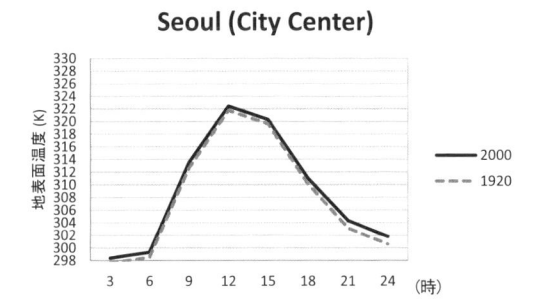

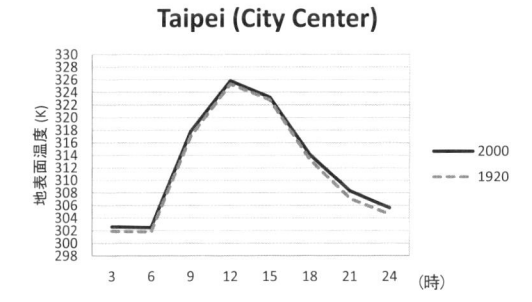

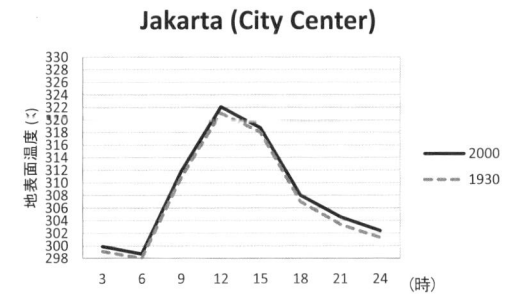

Seoul (City Center)

Taipei (City Center)

Jakarta (City Center)

図 7-4　2時点における最暖候期（静穏晴天日）の地表面温度日変化

明け方でも5K前後の差となっている（**口絵11**，**図7-2**，**7-3**）。つまり，同一の都市内においても，地表面が都市化を開始した時期により，地下温度プロファイルの形は異なっているものと考えられる。

表7-1 中心市街地における地表面温度上昇の計算結果
（最暖候期の静穏快晴日における平均値）

	K/Year	計算日
東京	0.011	7月29日
大阪	0.012	7月29日
ソウル	0.011	7月29日
台北	0.010	7月29日
バンコク	0.009	3月31日
ジャカルタ	0.013	7月29日
マニラ	0.010	3月31日

表7-2 気象要素の通年変化を考慮して計算した中心市街地における地表面温度上昇と地下温度上昇（観測値：Taniguchi et al., 2009）との比較

	K/Century	観測値
東京	1.93	2.8
大阪	1.87	2.2
ソウル	1.67	2.5
台北	1.00	
バンコク	0.90	1.8
ジャカルタ	0.60	1.2
マニラ	1.12	

5. 解決手法と結論

　地上気温や雨天日出現率などの気象要素の通年変化（図7-5）は，対象都市によって大きく異なる。低緯度のバンコク，ジャカルタ，マニラでは，通年の地上気温がほぼ一定である。一方，台北以北では年変化が明瞭となり，北のソウルでは30℃近い年較差が存在する。ジャカルタでは8月に雨天日出現率が最低となり，2月に最大となる。バンコクおよびマニラでは北半球の暖候期が雨季となり，ジャカルタとは正反対である。大阪では冬から春の雨が多い。また台北では，1年を通じて同じような雨天日出現率となっている。

　地下温度プロファイルに記録されているのは，1年の平均的な地表面温度で

あり，ここには地上気温や雨天日出現率などの気象要素の通年変化が大きく影響している。よって，本来であれば通年の計算をしなければならないが，計算機や計算時間の資源に限りがある場合に簡便な手法でこの影響を取り込む方法を検討した。ここでは，暖候期（もしくは乾季）・寒候期（もしくは雨季），晴天日・雨天日の組み合わせで得られる4つのケースで計算を行い，天候の出現率を重みとした加重平均値（擬似的な年平均値）を求めた（**図7-6**）。これらのカテゴリーを組み合わせることにより，中緯度（温帯）から低緯度（熱帯）に展開する各対象都市の季節変化を大まかに表現することが可能である。**表7-2**に計算値と観測値（Taniguchi et al., 2009）の比較を示す。結果は，バンコク（0.90 K/Century）と東京（1.93 K/Century）についての合理的な差異を示している。よって，気象要素の通年変化の多様性は，都市の地下温度上昇を決める重要な要素といえる。とりわけ，比較的高緯度の都市における寒候期

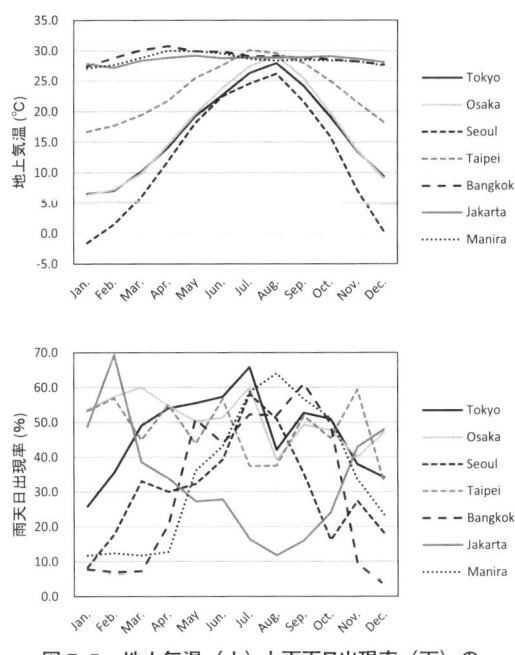

図7-5 　地上気温（上）と雨天日出現率（下）の
　　　　月別変化（2006〜2010年の平均）

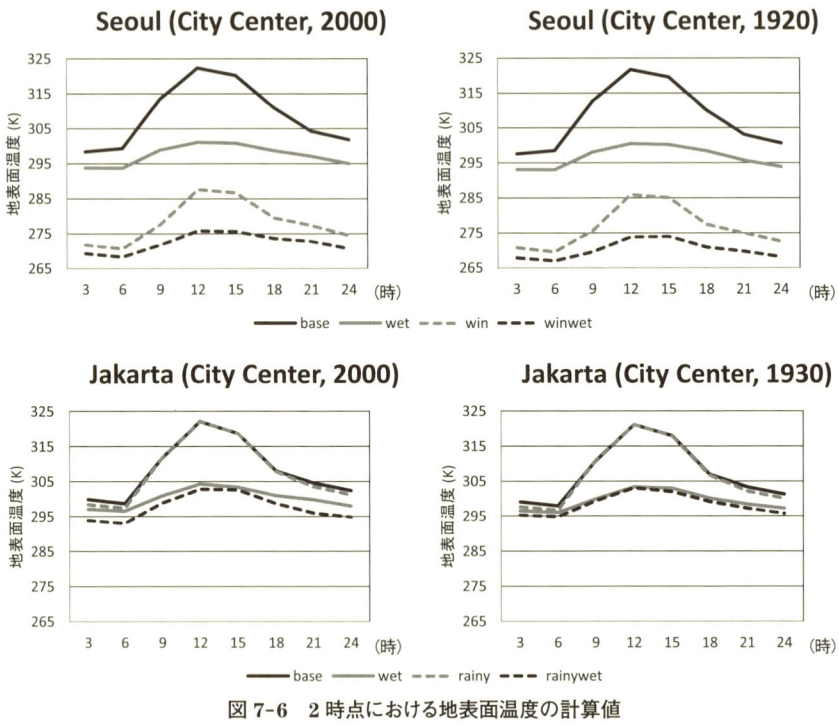

図 7-6 2時点における地表面温度の計算値
ベースシナリオ (base) は暖候期 (もしくは乾季) の晴天日,
wet：雨天日, win：寒候期, rainy：雨季。

の地表面温度の寄与が大きいものと思われる。例えば，ソウルのような比較的北方の都市では，寒候期における2時点の差が顕著に現れている。気温の季節変化が小さいジャカルタでは雨季と乾季の差は小さく，雨天か晴天かでのみ差が生じている（図7-6）。　　　　　　　　　　　　　　　　　（一ノ瀬俊明）

参考文献

Anthes, R. A., Hsie, E. Y. and Kuo, Y. H. 1987. *Description of the Penn State/NCAR Mesoscale Model Version 4 (MM4)*. Boulder: NCAR.

Huang, S. P., Pollack, H. N. and Shen, P. Y. 2000. Temperature trends over the past five centuries reconstructed from borehole temperatures. *Nature* 403: 756-758.

Ichinose, T. 2003. Regional warming related to land use change during recent 135 years in Japan. *Journal of Global Environment Engineering* 9: 19-39.

Ichinose, T., Shimodozono, K. and Hanaki, K. 1999. Impact of anthropogenic heat on urban climate in Tokyo. *Atmospheric Environment* 33: 3897-3909.

Kessler, R. C. and Douglas, S. G. 1992. *User's Guide to the Systems Applications International Mesoscale Model (Ver. 2.0)*. California: Systems Applications International.

Pielke, R. A. 1974. A three dimensional numerical model of the sea breezes over South Florida, *Mon. Weather Rev.* 102: 115-134.

Taniguchi, M., Burnett, W. C. and Ness, G. 2009. Erratum to "Integrated research on subsurface environments in Asian urban areas". *STOTEN* 407: 3076-3088.

Ulrickson, B. L. and Mass, C. F. 1990. Numerical investigation of mesoscale circulations over the Los Angels basin Part 1, A verification study. *Mon. Weather Rev.* 118: 2138-2161.

土地利用変化と水環境

第8章 都市の発展と水環境問題の変化

1. はじめに

1.1. 目 的

　アジアの大都市では，近代都市として発展して以降，地域の河川や湖沼を埋め立てたり地下水の大量揚水を開始するなどして水環境に大きな変化を生じさせた。その結果，地下水に限定すれば水位の低下，塩水化，地盤沈下などのいわゆる水環境問題が発生した。これらのプロセスを時系列的にみると，早い時期に発展した都市はど，早い時期に水環境問題を発生させている。

　したがって，現在顕著な発展をみせている都市においては，近い将来，早い時期に発展した都市と同じような水環境問題が発生することは十分に予測される。今のうちに有効な対策をとることができるならば，アジアの大都市で今後発生する水環境問題は，これまでとは違った結果になる可能性がある。なお，都市域における水環境問題には，水資源と環境負荷という2つの側面があるが，本章ではこのうち特に環境負荷という側面から，主として地下水を中心に取り上げてみたい。

　都市の発展は東京・大阪などで早い時期に起こり，それに伴う水環境の変化や水環境問題も早い時期に発生した。東京や大阪などにおいては，水環境問題への対策は十分とはいえないまでもある程度は行った結果，一定の効果を上げてきた。このような一連の過程は，本書の対象都市に限定すると，東京・大阪

→ソウル・台北→バンコク→ジャカルタ・マニラという順に起こっていると考えられる。東京や大阪で起こった水環境問題と全く同じことは，ほかの大都市では起こらないであろう。それは，各都市の自然環境が異なるし，水環境に加えられたインパクトの質や量が異なるからである。しかし，よく似た水環境問題は起こりうると考える。

　以上のような視点に立つと，アジアの大都市における都市の発展過程，水環境の変化，水環境問題の発生などを時系列的に整理し検討することは，意義のある課題であるように思う。これによって，今後アジアの大都市で起こると予想される水環境問題を，深刻な状態になる前に防止することができるかもしれないのである。

　これまで，アジアの大都市の都市発展に関する研究（田坂編，1998；中西ほか編，2001；宮本・小長谷編，1999；Douglas and Huang, 2002 など）は多く行われてきたし，水環境問題の指摘（Liongson et al. eds., 2000; Porter, 1996 など）もさまざまな分野から行われてきた。東京とバンコクという2都市を比較した研究（松下，2005）はみられるものの，本章のように多くの都市を取り上げて時系列的な検討をした研究はほとんどない。

1.2. 方　法

　まず，都市の発展過程を概観することになるが，7都市について並列的に記述することは本章の構成が散漫になるし，逆に詳述することは紙幅の制約上難しい。さらに，一部の都市についてはその発展過程を論文（Yoshikoshi et al., 2009）などでも記述しているという経緯もある。このため，都市の発展過程を詳述することは極力避け，第1章2節で述べた，近代都市としての起源とその後の発展段階をもとに，7都市を4つの都市群に分けて，それぞれについて発展の空間的なモデルを示してみることにする。

　その後，都市ごとに3つの時期における土地利用メッシュデータ（**口絵1～7**）を参照しながら水環境の変化に触れ，水環境問題を概観する。その上で，都市の発展過程と水環境変化，水環境問題の実態などの関係について考察を行う。そして最後に，都市の発展過程と水環境問題に関する若干の提言をしてみたい。

2. 都市の発展過程のモデル

2.1. 東京・大阪

東京・大阪はいずれも臨海部の河川沿いの平野（沖積低地や洪積台地）に位置し，特に東京には背後に水田・畑などの広大な農地が存在していて，都市が大きく発展する空間的な余地があった。2つの都市は封建期には城下町であったが，都市は城壁で囲まれてはいなかった。また，都市内部には多くの堀・河川などが存在し，人々の移動や物資の輸送などに用いられてきたことでは共通する特徴をもっていた。

その後の東京は，城郭を核とする地域から発展していった（第1章図1-9参照）。特に東京の場合，1923年の関東大震災とその後の第二次世界大戦末期の空襲によって壊滅的な破壊を受けたが，その後に驚異的な復興をみせている。東京や大阪は，日本全国から集まった人口を都市域だけでなく郊外に衛星都市を形成することで大量に受け入れていった。都心部と衛星都市とは，都心から放射状に延びる鉄道によって結ばれていた。1950年代半ば以降の高度経済成長期に都市が急激に膨張し，電車などを用いて都心に通勤する人々が住む衛星都市を郊外に数多く成長させていった。その後さらに発展すると，周辺にあった既存の中小都市や衛星都市を連担させて，すべての地域を含めて一様に都市化させている。これらの事実をモデル化したのが，図8-1である。大阪

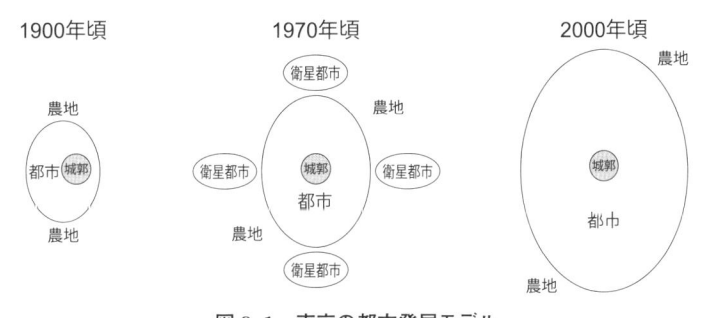

図8-1 東京の都市発展モデル

表 8-1 7都市圏における土地利用項目別メッシュ数

都市圏	年代	森林	草原・荒地	田	その他農地	工業用地	宅地	水域・湿地	その他
東京	1920	19,685	1,880	11,097	11,170	27	3,565	1,289	236
	1960	16,321	1,017	11,515	12,290	289	6,578	905	447
	2000	13,587	1,892	7,952	5,229	1,971	18,063	667	309
大阪	1920	13,023	357	6,490	475	30	1,284	572	71
	1960	12,336	191	5,455	266	93	3,437	448	204
	2000	11,212	436	2,692	469	279	6,866	474	209
ソウル	1930	3,814	4,896	3,896	660	2	289	775	7
	1960	5,805	136	5,311	1,358	0	980	660	60
	2000	4,718	177	2,388	1,269	148	4,859	612	154
台北	1930	5,075	1,098	1,452	433	0	179	117	13
	1950	6,243	530	1,027	210	7	293	184	43
	2000	5,485	204	997	559	154	914	155	70
バンコク	1910	533	85	6,549	817	0	165	1,121	66
	1950	777	832	10,683	867	0	299	778	87
	2000	11	1,069	3,584	1,615	93	4,212	3,607	178
ジャカルタ	1930	2,789	817	6,434	1,073	18	1,042	875	13
	1960	1,379	806	7,941	787	19	1,291	832	7
	2000	415	561	5,254	2,257	35	4,119	435	9
マニラ	1930	221	5,372	1,769	1	4	313	2,404	9
	1960	269	4,350	4,081	93	8	722	2,342	20
	2000	1,671	2,397	2,735	181	8	2,554	2,322	40

表 8-2 7都市圏の人口データ（2009年）

	人口（万人）	都市圏面積（km²）	人口密度（人/km²）
東京	3,425	7,835	4,350
大阪	1,725	2,720	6,350
ソウル	1,950	1,943	10,050
台北	650	440	14,750
バンコク	800	1,502	5,350
ジャカルタ	2,060	2,720	7,600
マニラ	1,915	1,425	13,450

出典：Demographia（2009）。

が東京と異なることは，関東大震災による被災がなかった程度で，基本的には同じような経緯をたどるため，大阪も東京と同じモデルとした。**表8-1**から東京・大阪の各時期の土地利用をみると，森林や農地が減少し，工業用地・宅地など都市的土地利用が増加していることが明瞭になっている。また，**表8-2**でもわかるように，東京は，まさに世界都市と呼ぶにふさわしい人口規模を呈している。

2.2. ソウル・台北

ソウルと台北は，比較的狭い盆地に都市の起源を求めることができる。近代都市が成立した頃，ソウルの周辺には畑のほか一部林地もみられたし，台北では水田・畑など農地が周辺に広がっていた。ともに城壁で囲まれた都市であったが，特に台北の城壁内は狭く，その建設も1875年であるためほかの都市と比較すると都市としての起源は新しい。その後都市が城壁を越えて発展するとそれは撤去され，現在では一部の城壁と門が残されているにすぎない。ソウルは都心の盆地から南部の漢江周辺に拡大し，現在ではそこが新都心としての機能を果たす地域になった。また，ソウルの西部や南部に仁川市・水原市などの衛星都市を発展させた。一方台北は，比較的新しい時期になって，南部から淡水河を越えた西部に，永和市・板橋市・三重市などの衛星都市を拡大させることで急激に発展した（Selya, 1995）。このように台北の発展過程はソウルと

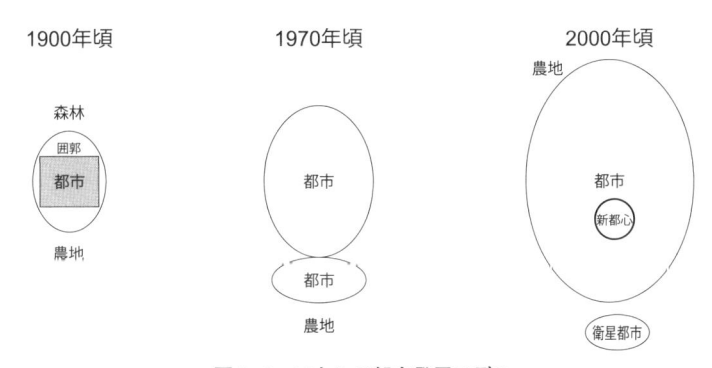

図8-2 ソウルの都市発展モデル

よく似ている。したがって，ソウルの都市発展を示したモデル図（**図 8-2**）は，台北にも当てはまる。

表 8-1 からは，草原・荒地が減少して工業用地や宅地が増加したことがよくわかる。**表 8-2** をみると，台北の人口密度は，人口はそれほど多くないものの面積が狭いために，7 都市の中では最も高くなっていることが特徴的である。

2.3. バンコク

バンコクは，チャオプラヤ川沿いのラタナコーシン島を中心に城壁と運河で囲まれた地域から発展したが，その後さらに運河などをつくりながら都市域を拡大していった。都市域は初期の頃にはチャオプラヤ川に沿っていたが，その後は道路建設を伴って東部や南部に連続的に広がっていった。

バンコクの周辺はチャオプラヤ川の広大なデルタ地帯で，かつては水田が広がっていた。バンコクは，1980年以降，周辺の農村地域から多くの人口を集めて急激に膨張していった。その発展のプロセスはソウルのように衛星都市をつくるのではなく，周辺の農地を潰廃しながら都市域が同心円的，スプロール的に広がるものであった。こうして，バンコクを中心に周辺地域も含んだバンコク都（BMA）から，さらに首都圏（BMR）を形成していった。

バンコクの都市発展のモデルは，**図 8-3** のように捉えた。衛星都市を発達

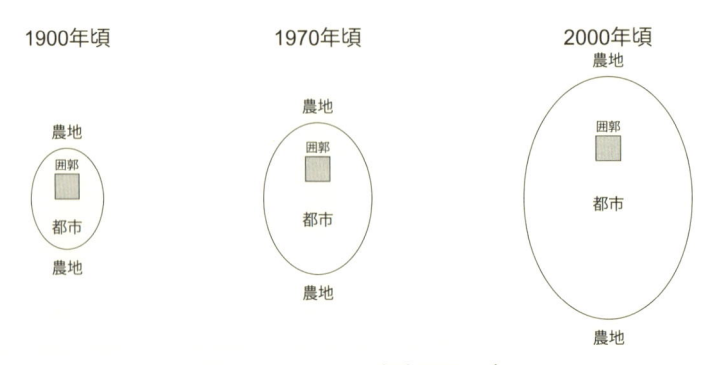

図 8-3 バンコクの都市発展モデル

させなかった点では後述のジャカルタと共通する特徴があるが，ジャカルタのように明確な新都心を形成しなかった点では，独自のパターンをなしている。

2.4. ジャカルタ・マニラ

ジャカルタとマニラはともに，城壁に囲まれた地域を起源とすることで共通する特徴があり，郊外に新都心を形成しながら発展していることもよく似ている。マニラの場合，周辺に多くの衛星都市を建設してメトロ・マニラを形成し，現在ではそれらの都市規模がマニラをはるかに上回るようになった。ジャカルタの場合，明瞭な衛星都市を形成せずに，周辺に都市域を広げながら，また多くの人口を内部に取り込みながら発展してきた。その結果現在では，ジャカルタ首都特別州（DKIジャカルタ）をなしている。周辺を含めた首都圏はジャボタベックと呼ばれている。両都市は形成のメカニズムこそ若干異なるが，都市域内に多くのスラムを抱えていることでも似た状況にある。

この2つの都市にはさらに2つの注目すべき類似点がある。まず両都市はともに海岸の近くにある平野に位置している。また，ジャカルタは南部の標高が徐々に高くなる地域に，マニラはマニラ湾とラグナ湖に挟まれた地峡部のような低平地に市街地を広げていったが，都市を拡大した地域は，かつては森林かプランテーションがあったことでも共通点がみられる。

その後，ジャカルタは図8-4，マニラは図8-5のように発展していった。両都市はともによく似た発展過程をたどるが，1970年頃の段階ではマニラは

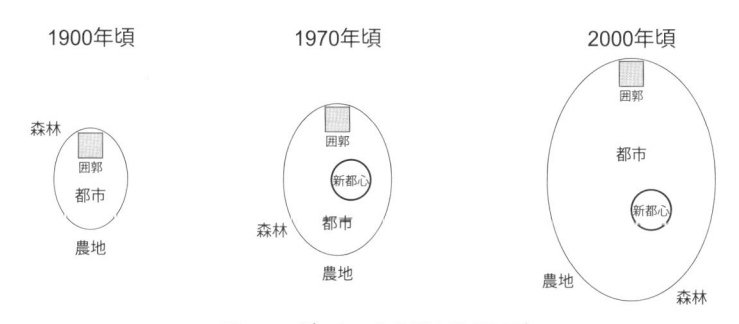

図8-4 ジャカルタの都市発展モデル

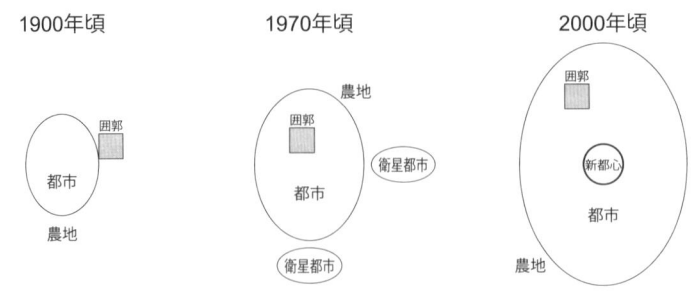

図 8-5　マニラの都市発展モデル

衛星都市を形成した点，ジャカルタは新都心を形成し移動させている点で若干異なる部分があるために，それぞれ独自のモデルを設定した。

表 8-1 をみると，ジャカルタ・マニラともに都市的土地利用の増加の傾向が明瞭に読み取れる。また **表 8-2** からは，マニラの人口密度が高いことが特徴的であることがわかる。

3. 水環境の変化と水環境問題

アジアの大都市について，水環境の変化と水環境問題をもとに，いくつかのカテゴリーに分類することは容易ではない。その理由は，水環境の変化や水環境問題の発生は，単に都市の発展と関係するばかりでなく，その都市が立地する地域の自然環境とも関わりがあるために，一般化が困難なためである。そこで，若干散漫になるが個々の大都市ごとにこれらの特徴について説明することにしたい。

ここでいう水環境の変化とは，水路・河川・湖沼・湿地など水域が，道路などの都市的な土地利用に変わっていったことを指す。本節で取り上げる水環境問題は，地下水位の変動，地盤沈下，地下水の塩水化，水質汚染に限定しておきたい。ただし，7 都市において，現地調査によってすべての項目のデータを収集できたわけではなく，一部欠損している場合もある。

なお，記述は可能な限り文献などによっているが，引用文献を記載していな

3.1. 東　京

(1) 水環境の変化

表 8-1 にも示されているように，水域・湿地の面積は 1920 年代頃〜2000 年頃にかけてほぼ半減した。水域・湿地の減少は，道路などへの転用，河川の暗渠化などで起こったものである。近年，都市化に伴う河川の流出量増加が洪水被害につながるようになったため，河川の改修とともに地下排水路の建設などが行われていることなどは新しい動きとして注目される。

(2) 地下水位の変動

1961 年の地下水の揚水規制以降，地下水位は上昇する傾向にある。1970 年以前には東京では 1 日あたり 150 万 m^3 の揚水量があったが，最近では 40 万 m^3 に減少している。このために，逆に地下水位が高くなりすぎ，地下構造物の漏水，水圧による変形，浮上など新たな問題が起こっている（愛知・德永，2007）。

(3) 地盤沈下

地盤沈下は，観測が開始された 1880 年代からすでに起こっていたが，それが顕在化するのは 1920 年代以降である。第二次世界大戦時には一時的にこの傾向が止まるが，戦後再び著しくなり，それは揚水規制の効果が現れる 1970 年頃まで継続した（遠藤ほか，2001）。地域的には，地盤沈下は，東京湾の臨海部の沖積低地を中心に起こった。その後，ほとんどの地域で地下水の揚水規制を行ったため，1970 年以降地盤沈下は停止した。ところが，地下水の揚水が継続されていた洪積台地などでは，局地的に沈下がみられたところがある（遠藤・石井，1984）。このため，累積沈下量の大きかった荒川河口付近などの沖積低地において，標高が海水面以下になるいわゆる「0 m 地帯」が出現し，高潮災害を防止するために防潮堤などを建設する必要に迫られた。

なお，地盤沈下の停止に伴い，累積沈下量の大きかった地域を中心に，わずかではあるが地盤の隆起が起こっており，累積隆起量が 16 cm にも達したところもある（遠藤ほか，2001）。

(4) 塩水化

地下水位が急激に低下した時期には，臨海部で地下水の塩水化が起こったが，地下水位が上昇したことと，地下水があまり利用されなくなったために，近年この問題は沈静化した。なお，地下工事現場などでは，酸欠空気による事故が1950～1970年代に頻発したが，地下水位の上昇によってこの問題も基本的には解決した（遠藤・石井，1984）。

(5) 水質汚染

東京の地下水では窒素汚染が問題になっており，不圧地下水・被圧地下水ともに窒素が $10\ \mathrm{mgL^{-1}}$ を超える値となっている。特に，台地部では硝酸性窒素が，低地部ではアンモニア性窒素が卓越しており，生活排水の関与が高いと考えられている（黒田ほか，2007）。

3.2. 大　阪

(1) 水環境の変化

大阪には小規模な水路や運河が多数存在していたが，かなりの数が埋め立てられ，道路などに変わっていった。表8-1からも，この傾向はある程度判明する。

(2) 地下水位の変動

大阪における最初の地下水位観測は，1939年に行われた。第二次世界大戦中に一時的に上昇した地下水位は，戦後の地下水の大量揚水によって再び急激に低下した（中町，1977）。1950年代後半からの地下水揚水規制以降，地下水位は上昇する傾向にあり，1965年には第二次世界大戦時の水位にまで戻り，その後も上昇していった。このために，大阪でも東京と同じように，地下構造物への漏水や浮き上がり問題が起こっている。

(3) 地盤沈下

法律や条例を制定して地下水の揚水規制を行ったため，大阪では1970年頃には地盤沈下が停止した。その後場所によっては，数cm程度の地盤の隆起が起こっている。大阪の地盤沈下量は，大阪湾の臨海部，淀川周辺の低地部のほか，東大阪地域で大きかった（西垣，1988）。一方，大阪城などが立地する上町台地では地盤沈下量は小さく，大阪における地盤沈下は地形・地質条件を

明確に反映していることが特徴である。

(4) 塩水化

地下水位の低下した時期に臨海部などで塩水化が問題となったが，地下水位の上昇，地下水利用の激減によって，塩水化は水環境問題ではなくなった。

(5) 水質汚染

大阪も東京とよく似た傾向を示し，硝酸性窒素や亜硝酸性窒素が検出される場所はあったが，多くは環境基準値を超えるものではない（牧野ほか，2010）。

3.3. ソウル

(1) 水環境の変化

ソウルにおいても，中小河川が道路などに転用される傾向がみられた。**表8-1**からも水域面積が減少していることがうかがえる。

アジアの大都市においては，河川や湖沼などの水域が道路などに変化していくのが一般的な傾向であったが，ソウルの清渓川の復原は，特筆すべき出来事であった。清渓川は，ソウル盆地内を東流して漢江に合流する約11 kmの小規模な都市河川である。都市化に伴ってソウルの交通量が増えたため，その対策として1950年代に入って覆蓋道路化（暗渠化）工事が行われ，その上に高架道路が建設された。その後，環境の悪化を受けて水辺を復活させようとする声が高まり，2005年には復原工事を終えて（春山，2006），ソウルの中心市街地では**写真8-1**のような水辺景観を取り戻した。これはアジアの大都市の中では非常に稀な事例である。

(2) 地下水位の変動

地下水の揚水量増加に伴って，地下水位が低下した。最近のソウルの地下水位は，6年間で60 cm低下している。これは地下水の揚水量が増加しただけでなく，都市の地表面が不透水性のもので覆われたために，地下水の涵養量が減ったことも理由として考えられている（Hosono et al., 2009）。

(3) 地盤沈下

ソウルは花崗岩の基盤岩上に立地しているために，堆積層が薄い場所では地盤沈下は問題にならない。しかし，堆積物の比較的厚いところなどでは，地盤沈下が起こり，建築物のひび割れなどの被害が発生している。また，衛星都市

写真 8-1 ソウル，清渓川の景観

2007 年 11 月，吉越撮影。

である仁川市など臨海部においては，ほかの大都市と同じような地盤沈下の問題が発生している。

(4) 水質汚染

最近のソウルでは，細菌汚染や水質汚染がかなり深刻な状況にあるという (Hosono et al., 2009)。特に大腸菌・有機溶剤・重金属などの汚染が主体である。なお，地下鉄の空気は基盤岩である花崗岩から自然状態で放出されるラドンで汚染されており，地下水にも基準を超える値が認められる。ラドンは，発ガン性や放射性障害を引き起こすことが知られている。

3.4. 台　北

(1) 水環境の変化

台北では，河川などの埋立てよりむしろ河道を直線化することで，水域面積を減らしてきた。

(2) 地下水位

地下水の大量揚水を行ったため水位を下げたが，1968 年の地下水の揚水規制以降，1972 年頃から上昇し始めた。台北や衛星都市の三重市では，1976〜1994 年の間に，30 m もの上昇が起こっている。

(3) 地盤沈下

台北の都心部において，基盤岩までの堆積層の厚さは，最も厚いところで700 m 程度である。このような自然環境と地下水の大量揚水のために，1951年以降の累積地盤沈下量は，淡水河をはさんで台北と三重市付近など大きなところで 2.2 m ほどになった。1968年の地下水揚水規制以降，沈下量は小さくなり，現在ではほとんど止まっているといわれてきた。しかし，2004～2006年の3年間で，1年の沈下量が 2.4 cm，累積沈下量が 7.2 cm に達しているとの報告もあり，完全に停止したわけではないようである（林，2004）。

(4) 塩水化

台北の地下水の電気伝導度は，250～500 μS/cm 程度であるが，東部には 750 μS/cm を超す地域もあるものの，海岸からは少し距離があるために，深刻な状況にはなっていない（陳，2005）。

3.5. バンコク

(1) 水環境の変化

バンコクでも河川や運河が埋め立てられてきた。バンコク都心部の大縮尺地図を用いて1917年と2004年を比較すると，近年では図 8-6 のように大きく

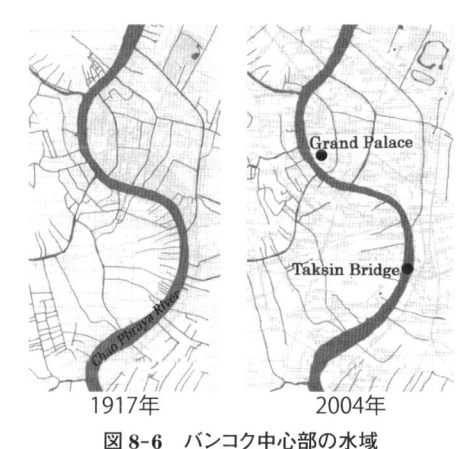

図 8-6 バンコク中心部の水域

1917年と2004年発行の地図により作成。

水域の面積を減らしていることがわかる。特に，都心部の中央を南流するチャオプラヤ川に直接つながっている小水路や，右岸域の運河などで埋め立てられたところが多いことがわかる。

(2) 地下水位

バンコクで，地下水揚水が大量に行われるようになるのは，1950年代前半以降のことである。当時の揚水量は1日あたり約8,000 m^3 であったが，1982年には約140万 m^3 にまで増加している。1993年以降のいわゆるタイバブル期には，郊外にまで多くの住宅や工場が建設されたため，1999年には200万 m^3 以上まで地下水揚水量が増加をみている（Noppadolほか，2008）。

1977年の地下水法の制定によって，1998年頃までは公共の地下水揚水は減少したが，私的な地下水揚水は一向に減らずに，1990年以降はむしろ急増した。1981年からチャオプラヤ川の表流水を使った公共水道の供給が行われ，地下水揚水量は減少傾向にある。2004年にはバンコクにおける地下水の揚水が全面禁止され，地下水位の低下は現在収まりつつある（遠藤，2010）。

(3) 地盤沈下

バンコクでは，基盤岩までの堆積層の厚さは約500 mである。バンコクの特に都心周辺部において，地盤沈下は現在大きな水環境問題になっている。チャオプラヤ川の東部などで1933～1978年までの期間に最大で85 cm，1978～1987年の期間に最大で75 cm，1992～2000年までの期間に最大で38 cmの沈下量が記録されている。最大の沈下量を示した地点では1933～2002年の期間に，2 mを超す累積値を記録している。現在では，地下水の揚水規制により都心部では沈下量が小さくなってきているが，郊外では顕著な地盤沈下が進行中である。このため，建築物の不同沈下によるひび割れや，ワット・サケットでは仏塔が崩壊するなどの被害を出している。さらに，バンコクは低平地にあるために，雨季には河川や運河が排水不良を起こし洪水を頻発させている。特に，1983～1985年にかけて大きな被害を出した。このため，洪水防止対策として，堤防や排水ポンプ場の建設などを行った（Noppadolほか，2008）ほか，遊水池を備えた総合治水対策も採用されている（松下，2005）。

(4) 水質汚染

地下水の汚染は，工場（砂糖産業・紙パルプ産業・ゴム産業など）からの排

水だけでなく，生活排水や，農業排水にも起因している。近年では，塩素系の有機溶剤による汚染も著しくなっている。

3.6. ジャカルタ
(1) 水環境の変化

ジャカルタの都市内には大規模な河川は存在せずに，中小の著しく蛇行した河川が流れている。その蛇行部分を直線化することで，水域面積を若干減らしたことは**表8-1**からもうかがえる。

(2) 地下水位

ジャカルタでは，基盤岩までの堆積層の厚さは約300mである。DKIジャカルタにおいては，1980年以降，深井戸の本数が2.5倍ほどに増え，地下水の揚水量も増加した。現在では，揚水量は1年に7.5億m^3に達している（Douglas and Huang, 2002）。この背景には，市民の20％にしか上水道が供給されていないという現実がある（和田ほか，2006）。これに伴って，地下水位の低下も著しくなっている。

(3) 地盤沈下

地盤沈下は現在，ジャカルタにおける深刻な水環境問題となっている。1982～1991年には市街地北部の西側および東側に，1991～1997年には特に西側に，1997～1999年には東側に大きな地盤沈下地域がみられた。1995年以降，ジャカルタ西部で1年に19cm，中心部で11～13cmの地盤沈下が発生している。このため，臨海部では高潮災害が頻発している。特に，ムアラバルなどでは毎日のように洪水に見舞われている（Hirose et al., 2001）。**写真8-2**は，著者が2007年に遭遇したスンダ・クラパ港付近の洪水の様子である。ただし現地の人々にとってこの程度の浸水は日常的なものであり，特に混乱に陥るようなことはないという。

(4) 水質汚染

ジャカルタでは，地下水汚染も深刻（小野寺，2013）で，特に，細菌と有機汚染が中心となる。北東部のタンジュンプリオク港付近では，重金属・油による汚染も起こっている。

写真 8-2　ジャカルタ，スンダ・クラパ港付近の高潮災害
2007 年 12 月，吉越撮影。

3.7.　マニラ

(1) 水環境の変化

マニラでも水域を減らしたことは表 8-1 からも判断できる。近年になって，洪水を防止するために，後述のように水の流れをよくするような改修工事が行われるようになった。

(2) 地下水位

都市域の広い範囲にわたって，著しい地下水位の低下が起こっている。

(3) 地盤沈下

現在，マニラ首都圏において地盤沈下が発生しているが，これに伴って，広い範囲が海水面以下になった。

　マニラでは，都市化による理由だけでなく，低平地のために排水不良による洪水も頻発する。近年ではラグナ湖周辺でも発生している。このためにラグナ湖からの放水路であるナピンダン水路やパッシグ川の改修工事，排水機場の建設などが行われた（Douglas and Huang, 2002）。臨海部にあるナボタス地区は埋立地にあるスラムで約 5,000 人が暮らしているが，洪水を避けるため水上に小屋のような住宅が林立している。水環境問題は，このような都市問題とも大きく関わって発生している。

(4) 水質汚染

河川や湖沼ばかりでなく，海でも地下水でも水質汚染が著しい。水質汚染を深刻にしている理由は，下水処理施設が不十分で，一般家庭・工場・農地などからの排水の処理が十分に行われていないことによる。

4. 都市の発展過程と水環境問題との関わり

前節の検討では，大都市の水環境問題の発生や解決には，時間的なずれがあることがわかった。そこで，各都市では水環境問題が現在どのような状況にあるかを整理してみた。それが**表8-3**である。データは必ずしも同じ基準で作成されたものではないために，厳密な比較は難しい。そこで，水環境問題の程度を4段階（◎問題がない，○あまり問題がない，△多少問題がある，×大変問題がある）に分けて概略的に比較する方法をとった。このうち，例えば地下水位についていえば，本来ならば東京や大阪の地下水位は上昇しているためにその記号は◎と表現すべきであるが，この上昇に伴って前述のような新たな問題が起こっているために，○とした。

この表をみると，東京・大阪は水環境問題がかなり解決されていることが明らかになる。ソウル・台北では，現在解決されつつあることが示され，バンコクにはその兆しがみえつつある。ジャカルタ，マニラは，現在水環境問題が

表8-3　7都市における水環境問題の程度

都市	水環境問題（項目）					下水道普及率（％）
	地下水位	地盤沈下	地下水塩水化	地下水汚染	全体	
東京	○	◎	◎	△	○	100
大阪	○	◎	◎	△	○	100
ソウル	△	△	－	△	△	100
台北	○	△	○	－	△	97
バンコク	△	×	－	×	×	55
ジャカルタ	△	×	－	×	×	3
マニラ	△	×	－	×	×	14

◎問題がない　○あまり問題がない　△多少問題がある　×大変問題がある　－不明
下水道普及率は，バンコクが2005年，ほかは2008年。各都市の下水道局のデータによる。

最も深刻な状態にある。また，この表には，近年における下水道普及率を示しているが，これは都市圏ではなくより狭い行政区分としての中心市の値である。東京・大阪でも地下水の汚染はまだ解決されていないことはすでに述べた通りであるが，下水道は有機汚染には有効ではあるが重金属などの汚染には効果を発揮しないために，下水道普及率がほぼ100％に近い都市においても，良好な状態になるためには新たな対策が必要となる。以上により，アジアの大都市において，現在抱えている水環境問題がかなり明瞭になった。

次に，水環境問題がどのような経緯をたどってきたかを時系列的に整理してみた。なお，ここで取り上げる水環境問題は，前節よりさらに絞って地下水位の変動と地盤沈下に限定し，それがいつ頃大きく変化したのかを検討してみた。大都市の発展過程は，本章2節で示した通りである。水環境問題に対して一定の対策が行われるのは，どの都市においても経済の高度成長期に入って以降のことである。水環境問題を解決するためには，相応の費用を必要とするので，その経済的な裏づけがなければならないからである。それらの関係を示したのが図8-7である。4つの都市群ごとにみると，東京・大阪では高度経済成長期は1955年以降であって，これが継続している期間に深刻な水環境問題の状況からは脱している。ソウル・台北の経済は，1980～1985年の間に急速

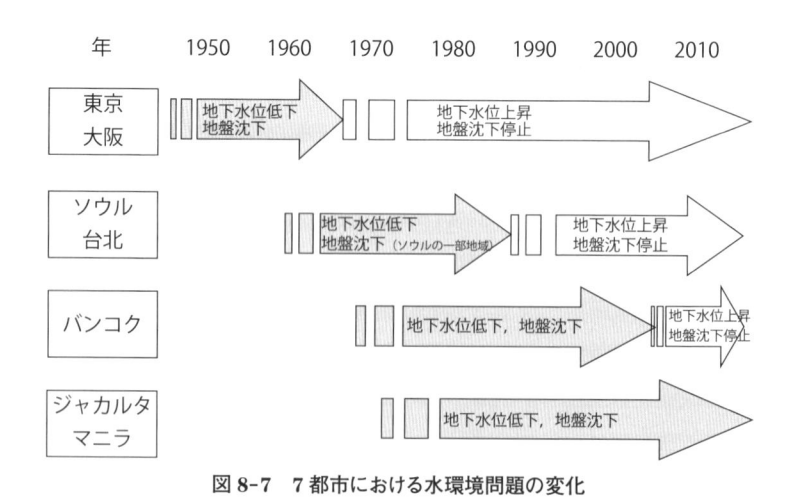

図8-7　7都市における水環境問題の変化

に成長したが，その時期以降に水環境問題から脱しつつある。バンコクの経済成長は，1980年からであるが，ごく最近になってようやく水環境問題から脱する兆しがみえてきた。ジャカルタ，マニラの経済成長は1990年以降であるが，水環境問題は依然として深刻な状況にある。

このようにみてくると，各都市群は20年程度の時間差をもって，同じような過程を経験していることが明確になった。つまり，水環境問題の程度は，都市の起源（時期・形態など）よりも，その後の発展過程と大きく関わっていることになる。

5. おわりに

本章では，アジアの大都市における都市の発展過程とそれに伴う水環境の変化を捉え，そこで発生するようになった水環境問題について整理を行った。その結果，早い時期に発展をした都市ほど早い時期に水環境問題が起こったが，そのかなりの部分は解決されつつあることを明らかにしてきた。本章では，その具体的な対処の方法についてまで踏み込んでいないが，その方法や経験を有効にほかの大都市に適用することは残された課題といえよう。

バンコクを例にとってみると，東京や大阪とおよそ30年程度の時間差をもって都市発展と水環境問題を経験している。今から30年前の東京・大阪の状況を振り返ってみると，当時これらの都市では急増する水需要の抑制に追われていた。そのときに東京や大阪が行った対策は，いかに水の使用を抑えるかであった。具体的には，水道料金を高く設定すること，工場などでの水の再利用を進めること，工場や家庭などでの節水型機器の使用を促進することなどであった。また上水道の漏水を防止し無駄に浪費される水を減らす努力もなされた。それでも気象条件によっては渇水を経験し，節水を呼びかける広報をする必要があった。それから30年経過した現在，東京や大阪では当時の課題はかなり解決した。このような東京・大阪における当時の対策のいくつかは，現在バンコクで行われているものもあり，その具体的な方法には日本における過去の経験が活かされなければならないであろう。

都市が発展するにつれて，水域の減少のような変化が水環境に生じる。その

ような変化は，地下水への涵養量や貯留量を減らし，洪水への脆弱性を増加させる結果をもたらす．水環境の変化がどの程度の水環境問題をもたらすのかを評価することは非常に重要であるが，現状ではほとんど明らかにされていない．特定の大都市を詳細に研究することによって，この課題を解明していく必要がある．

　一方で大都市においては，また新たな水に関わる問題が発生している．それが洪水の問題である．世界的な気象環境の変化（温暖化，海水準の上昇，ゲリラ豪雨の発生など）により局地的な洪水災害が発生するようになった．これに対して，大都市ではほとんど対処できていない．今後は，この問題にも焦点を当てていく必要があるように考える．　　　　　　　　　　　　　（吉越昭久）

参考文献

愛知正温・徳永朋祥 2007．都市域における地下水環境問題の変遷と今後の展望―東京低地を例として―．土と基礎 55(8)：5-8．
遠藤　毅・石井　求 1984．東京都平野部の水文地質と地下水位上昇に伴う諸現象．応用地質 25(3)：11-20．
遠藤　毅・川島眞一・川合将文 2001．東京下町低地における"ゼロメートル地帯"展開と沈静化の歴史．応用地質 42(2)：74-78．
遠藤崇浩 2010．アジア大都市の地下水問題―地盤沈下と社会的ジレンマ―．谷口真人編『アジアの地下環境―残された地球環境問題―』215-234．学報社．
小野寺真一 2013．巨大都市ジャカルタのチリウン川における水質汚染特性．日本水文科学会誌 43(2)：39-46．
黒田啓介・福士哲雄・滝沢　智・愛知正温・林　武司・徳永朋祥 2007．東京都区部の地下水窒素汚染の現状と汚染源の推定．環境工学研究論文集 44：31-38．
田坂敏雄編 1998．『アジアの大都市［1］バンコク』日本評論社．
陳　文福 2005．『台灣的地下水』台湾：遠足文化．（中国語）
中西　徹・小玉　徹・新津晃一編 2001．『アジアの大都市［4］マニラ』日本評論社．
中町弘伸 1977．大阪平野の地盤沈下．土と基礎 25(6)：61-67．
西垣好彦 1988．地盤沈下．土と基礎 36(11)：27-32．
春山成子 2006．ソウル市清渓川における都市河川に清流を取り戻す試み．水利科学 289：29-44．
牧野和耶・益田晴恵・三田村宗樹・貫上佳則・陀安一郎・中屋眞司 2010．水質から見た大阪市内とその周辺の地下水の涵養源．地下水学会誌 52：153-167．
松下　潤 2005．都市化に伴う水環境の変遷と対策―東京・バンコクの比較．法政大学大学院エコ地域デザイン研究所編『チャオプラヤー川流域の都市と住宅』110-141．

宮本謙介・小長谷一之編 1999.『アジアの大都市 [2] ジャカルタ』日本評論社.
林　俊全 2004.『台灣的天然災害』台湾：遠足文化.（中国語）
和田一範・野仲典理・佐野貴之 2006. ジャカルタの水道事業民営化問題. 水利科学 290：52-76.
Demographia 2009. *Demographia World Urban Areas: 5th Annual Edition*. Belleville: Demographia.
Douglas, I. and Huang, Shu-Li 2002. *Urbanization, East Asia and Habitat II, UN NGO Policy Sries No.2*. Taiwan: IRFD-East Asia Network.
Hirose, K., Maruyama, Y., Murdohardono, D., Effendi, A. and Abidin, H.Z. 2001. Land subsidence detection sing JERS-1 SAR Interferometry. *The 22nd Asian Conference on Remote Sensing*: 1-6.
Hosono, T., Ikawa, R., Shimada, J., Nakano, T., Saito, M., Onodera, S., Lee, K. K. and Taniguchi, M. 2009. Human impacts on groundwater flow and contamination deduced by multiple isotopes in Seoul City, South Korea. *Science of the Total Environment* 407: 3189-3197.
Liongson, L. Q., Tabios III, G. Q. and Castro, P. P. M. eds. 2000. *Pressures of Urbanization: Flood Control and Drainage in Metro Manila*. Quezon City: The UP-CIDS.
Noppadol, P.・大津宏康・Nutthapon, S.・高橋健二 2008. バンコクにおける地下水揚水に伴う地盤沈下. 土と基礎 53(2)：16-18.
Porter, R. C. 1996. *The Economic of Water and Waste*. Aldershot: Avebury.
Selya, R. M. 1995. *Taipei*. New York: Wiley.
Yoshikoshi, A., Adachi, I., Taniguchi, T., Kagawa, Y., Kato, M., Yamashita, A., Todokoro, T. and Taniguchi, M. 2009. Hydro-environmental changes and their influence on the subsurface environment in the context of urban development. *Science of the Total Environment* 407: 3105-3111.

土地利用変化と水環境

第9章　窒素フローモデルを用いた地下への窒素負荷量の推定

1. はじめに

　1,000万人以上の人口を保持する都市は巨大都市と呼ばれ，1995年に世界で8都市であった巨大都市は，2010年には26都市まで増加し，特にアジア地域は急速な経済成長によって短期間のうちに多くの巨大都市が出現した（Onodera, 2011）。これらの巨大都市では，人々の生活のために多くの物質が消費され，そして廃棄されている。巨大都市は，多くの人口を抱えることから食料の消費が特に著しい。また，急激な発展に伴う地下水の過剰揚水による地盤沈下や，地下水汚染といった問題が懸念されている。特に，窒素汚染は重金属汚染等と比較して広範囲で確認されており，巨大都市の窒素汚染の進行状況を時空間的に評価することは重要である。

　これを評価するため，近年さまざまなモデルが開発され，都市を含む流域からの物質負荷量の推定精度や予測範囲は過去と比べて向上してきた。しかしながら，世界中で活発化し多様化する人間活動は，自然現象と比較してモデル化が難しく，また，モデル計算を行うために，大規模で複雑化した巨大都市の情報を収集することは非常に困難である。そして，都市の発達に応じた過去との比較を行う際も，従来のモデルにおいても過去の推定についてはデータの不足のため難しい。このため，比較的容易に入手できるデータを用いて，簡便に推定する手段の確立が必要である。

そこで本章では，窒素フローモデルを用いたアジアの巨大都市における時系列変化を考慮した地下への窒素負荷量と，地下水中の窒素濃度の推定を目的とした研究事例を紹介する。

2. 分析地域概要

ここでは，東京，大阪，ソウル，バンコク，ジャカルタ，マニラの6都市を対象とし（口絵12，図9-1），台北については，後述するモデル計算に必要な統計データが得られなかったため除外した。

2.1. 東 京

日本の首都である東京については，本章では東京23区を対象とし，計算領域を621 km^{2}とした（口絵12，図9-1(a)）。年間平均水収支は黒田ほか（2007）を参考に，降水量を1,367 mm，蒸発散量を261 mm，河川流出量を806 mm，地下水涵養量を300 mmとした。

土地利用メッシュデータによると，1960年頃の土地利用は，市街地が68%，草地が6%，水田が6%，畑地が6%，工業用地が2%，その他の土地利用が12%とすでに大部分が市街地となっていたが，2000年頃には，市街地が83%，工業用地が6%，草地が2%，その他の土地利用が9%となり，市街地がさらに拡大した。人口は1961年の9,937,000人から，2000年には12,064,000人へと増加した。下水処理率は，1961年では26%であったが，2000年には100%となった。

2.2. 大 阪

本章では大阪府全体を対象とし，計算領域の面積は1,896 km^{2}とした（口絵12，図9-1(b)）。年間平均水収支は，降水量が1,508 mm，蒸発散量が288 mm，河川流出量が920 mmであり，地下水涵養量については，笠松（2008）を参考に300 mmとした。

土地利用メッシュデータによると，1960年頃の土地利用は，森林が38%，水田が25%，市街地が24%，畑地が2%，草地が1%，工業用地が1%，その

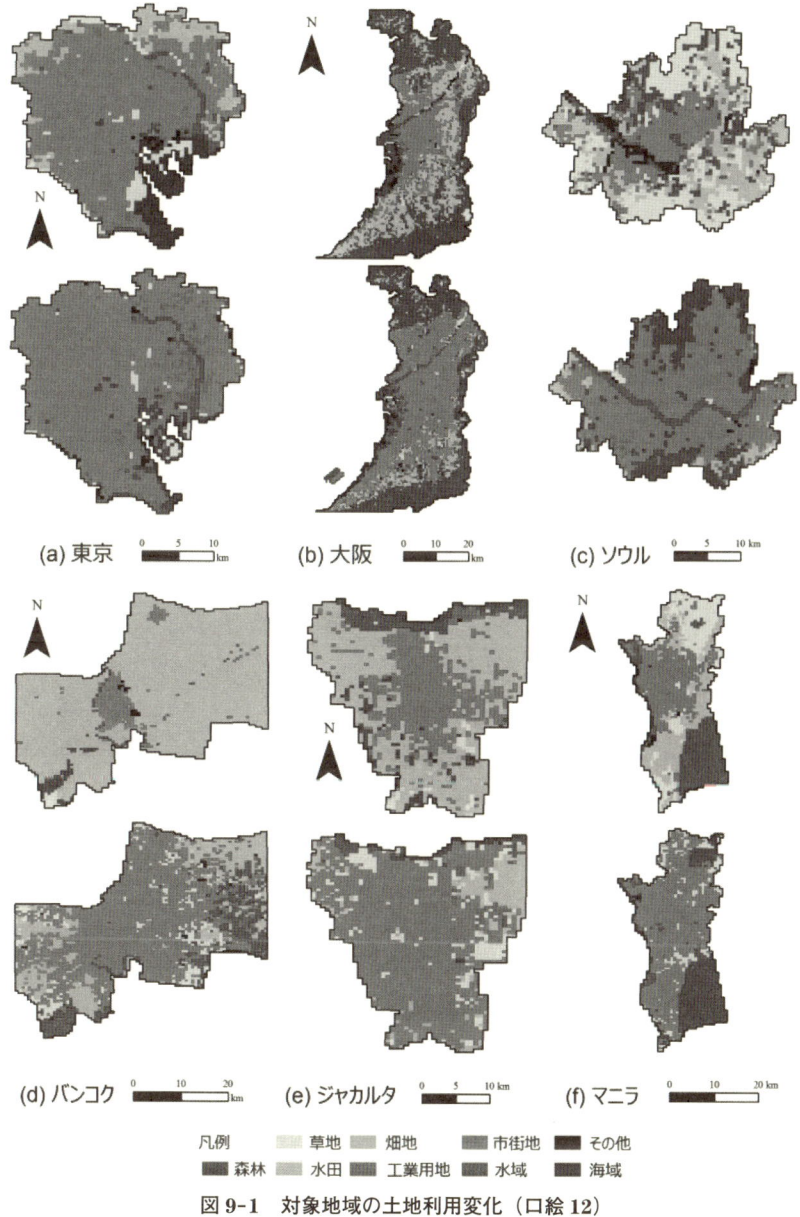

第9章 窒素フローモデルを用いた地下への窒素負荷量の推定 135

(a) 東京 0 5 10 km
(b) 大阪 0 10 20 km
(c) ソウル 0 5 10 km
(d) バンコク 0 10 20 km
(e) ジャカルタ 0 5 10 km
(f) マニラ 0 10 20 km

凡例　草地　畑地　市街地　その他
　　　森林　水田　工業用地　水域　海域

図 9-1　対象地域の土地利用変化（口絵 12）
各都市の上図が 1960 年頃，下図が 2000 年頃。
（Shimizu et al., 投稿中を加筆修正）

他の土地利用が9％であったが，2000年頃には，市街地が47％，森林が33％，水田が6％，畑地が4％，草地が2％，工業用地が2％，その他の土地利用が6％となり市街地が拡大した。人口は1961年には5,721,000人であったが，2000年には8,805,000人へと増加した。下水処理率は，1961年のデータを入手することができず不明としたが，2000年には100％であった。

2.3. ソウル

韓国の首都であるソウルは，朝鮮半島中央西部の漢江沿いの盆地に位置しており，標高500m前後の山地や丘陵地に囲まれている。計算領域は漢江沿いの都心部を中心とした605 km^{2}とした（口絵12，図9-1(c)）。年間平均水収支は，Stadtklima（2007）を参考に，降水量を1,258 mm，蒸発散量を240 mm，河川流出量を944 mmとし，地下水涵養量はKim et al.（2001）を参考に74 mmとした。

土地利用メッシュデータによると，1960年頃の土地利用は，草地が31％，市街地が25％，水田が22％，森林が12％，畑地が4％，その他の土地利用が6％であったが，2000年頃には，市街地が66％，森林が21％，畑地が4％，草地が1％，工業用地が1％，その他の土地利用が7％となり，草地が大きく減少して市街地が拡大した。人口は1961年には2,585,000人であったが，2000年には9,895,000人へと増加した。下水処理率は，1961年では12％であったが，2000年には100％となった。

2.4. バンコク

タイの首都であるバンコクは，チャオプラヤ川下流の低地に位置している。本章ではタイ湾から北へ25 kmまで遡った都心部を含む面積1,569 km^{2}を計算範囲とした（口絵12，図9-1(d)）。計算領域内の年間水収支は，Stadtklima（2007）を参考に，降水量を1,438 mm，蒸発散量を900 mm，河川流出量を523 mmとし，地下水涵養量はYamanaka et al.（2011）を参考に15 mmとした。地表表層にはバンコク粘土層と呼ばれる粘土層が広がっており，地表からの地下水涵養量は少ない。

土地利用メッシュデータによると，1960年頃の土地利用は，水田が79％，

畑地が11%，市街地が6%，森林が2%，草地が1%であったが，2000年頃には，市街地が59%，水田が10%，畑地が10%，草地が9%，それ以外の土地利用が11%となり，水田が減少して市街地が拡大した。人口は1961年では2,101,695人であったが2000年には5,680,380人に増加し，それに伴って下水処理率は1961年の0%から2000年には16%まで増加した。

2.5. ジャカルタ

インドネシアの首都であるジャカルタは，ジャワ島西部の北側海岸の低地に広がっており，ジャカルタ湾から南へ広がる都心部を中心とした領域を対象とし，その面積は740 km^2 となった（口絵12，図9-1(e)）。年間平均水収支は，Stadtklima（2007）を参考に，降水量を1,799 mm，蒸発散量を793 mm，河川流出量を823 mmとし，地下水涵養量は Kagabu et al.（2013）を参考に183 mmとした。表層は透水性が比較的高い火成堆積物で覆われている。

土地利用メッシュデータによると，1960年頃の土地利用は，水田が49%，市街地が30%，畑地が6%，森林が4%，草地が2%，工業用地が1%，その他の土地利用が8%であったが，2000年頃には，市街地が71%，水田が11%，草地が11%，畑地が2%，工業用地が2%，その他の土地利用が3%となり，バンコクと同様に水田が減少して市街地が拡大した。人口は1961年には2,973,000人であったが，2000年には8,361,000人まで増加し，下水処理率も1961年では0%であったが，2000年ではわずかながら2%に増加した。

2.6. マニラ

フィリピンの首都であるマニラは，ルソン島南部のマニラ湾とラグナ湖の間に位置しており，計算領域はメトロマニラ地域を中心とした面積632 km^2 とした（口絵12，図9-1(f)）。JICA/MWSS（1991）による年間水収支は，降水量が2,330 mm，蒸発散量が817 mm，河川流出量が1,398 mm，地下水涵養量が115 mmであり，本章もこの値を採用した。表層は砂と粘土で構成された堆積物に覆われている。

土地利用メッシュデータによると，1960年頃の土地利用は，市街地が28%，水田が25%，草地が22%，その他の土地利用が25%であったが，2000年頃に

は，市街地が63％，草地が9％，森林が4％，水田が1％，その他の土地利用が23％となり，マニラも水田や草地が減少して市街地が拡大した。人口は1961年には2,376,000人であったが，2000年には9,958,000人へと大きく増加した。下水処理率は，1961年では0％であったが，2000年には11％まで増加した。

3. 改良窒素フローモデルの概要

　本章では，Shindo et al.（2003）による窒素フローモデルをベースに改良を行った。Shindo et al.（2003）が開発した窒素フローモデルは，グローバルスケールでの窒素濃度を推定するために，国家間の食料および肥料の輸出入と国内での生産量および消費量を，主に国際連合食糧農業機関（FAO）の統計データベース（FAOSTAT）から見積もっている。改良窒素フローモデルは，Shindo et al.（2003）による国ベースでの窒素負荷量を，さらに都市スケールへダウンスケールした上で，農地および下水道管からの漏水も考慮した都市等で発生した窒素の地下浸透量を対象地域の水収支に基づいて土地利用ごとに推定できるように拡張したものである。ダウンスケール時には，食料は国内の人口分布に従って配分し，肥料等の農地への施肥量は国内の農地全体での施肥基準は均一であるという仮定の下，国内の土地利用面積から比例配分した。

　図9-2は改良窒素フローモデルの概念図である。点線の四角で囲まれた内部は，Shindo et al.（2003）とほぼ同様の流れとなっている。ここで計算された窒素負荷は，水田，畑地へ直接的に負荷され（NA_p, NA_c），市街地および工業用地では，下水処理による除去量（N_{rse}, N_{ise}）の差分が負荷される（NW_r, NW_i）。また，下水道管からの漏水については，地下へ直接的に負荷される（NSL_r, NSL_i）。

　各都市の推定下水漏水率は，既存の文献を参考に，東京については1.7％（Kuroda et al., 2011），ソウルについては36％（Choi et al., 2005），バンコクについては35％（Umezawa et al., 2008），ジャカルタについては46％（Umezawa et al., 2008），マニラについては36％（Umezawa et al., 2008）とした。ただし，大阪はデータが確認できなかったため，東京と同様の1.7％とした。

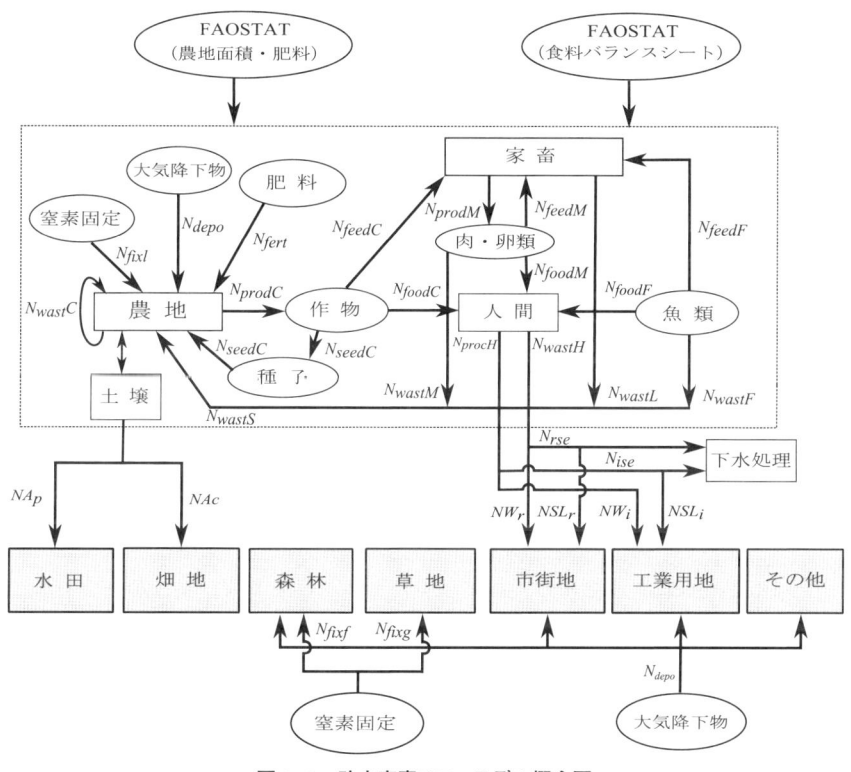

図 9-2 改良窒素フローモデル概念図
(Shimizu et al., 投稿中を加筆修正)

　水田，畑地，森林，草地では窒素固定による負荷量を考慮しているが，その固定率は Shindo et al. (2003) と同様とした。

　大気降下物について，ソウル，バンコク，ジャカルタ，マニラは2000年のみ，Acid Deposition Monitoring Network in East Asia (2000) のデータを使用した。東京および大阪については同データセット内に存在しなかったため，東京については伊藤・加藤 (2003) が測定したフラックスデータを，大阪については西川 (2009) が測定したデータを，それぞれ使用した。1960年は，いずれの都市においても測定されたデータが確認できなかったため，Kato and Akimoto (1992) による化石燃料消費量との経験式を用いて，世界銀行による化石燃料

消費量に関する統計データから推定した。

4. 窒素フローに基づく窒素収支

　図9-3に1961年および2000年の推定窒素フロー量を示す。1961年の東京は，同年代において最も多い人口を擁しており，農地面積も狭いため，その人口を支える食料を必然的に外部からの輸入に頼っていた。東京への窒素輸入量は6都市の中で最も多い93 Mg km^{-2} yr^{-1}であった（図9-3(a)）。その結果，消費された食料から多くの生活・工業排水が発生し，その一部は下水処理場を経由して処理され，さらに，その一部は下水処理場へ送水される途中で下水道管からの漏水によって地下水へと負荷された。一方，下水処理場へ集められなかった排水は，未処理のまま河川へと放流され，その一部が地下へと涵養された。地下への窒素負荷量は約5.7 Mg km^{-2} yr^{-1}と推定され，同年代の都市の中で最も多い量であった。農地からの負荷については，農地面積の割合が小さいことから，農業活動による窒素負荷は小さく，東京の窒素負荷のほとんどは，都市部での食料消費に伴う排水によるものであった。2000年になると人口が1.2倍に増加したことから，外周部に残存していた農地や，沿岸部にあった草地が宅地化によって市街地へと転換されたことを受け，農業活動による窒素負荷はほとんどなくなり，都市部からの負荷のみとなった。一方で，生活水準の向上によって肉類の消費量が増加し，FAOSTATによると日本の1人当たりの平均タンパク質消費量は，1961年時の27 kg yr^{-1}から35 kg yr^{-1}へと，およそ1.3倍増加した。このため，窒素フロー量の増大は単純な人口増加による要因だけでなく，食物中の窒素含有量も増加したことによって1961年時のおよそ2倍の189 Mg km^{-2} yr^{-1}へと増加した（図9-3(b)）。ただし，下水道が100％普及していたため，環境中への窒素負荷量は劇的に減少した。唯一の経路としての下水道管からの漏水についても，漏水率が1.7％と低いため，地下への窒素負荷量は3.2 Mg km^{-2} yr^{-1}と見積もられた。このように地上では大量の窒素が消費されていたものの，下水道の普及と低い漏水率のため，河川および地下への負荷量は減少した。

　1961年の大阪の人口は，6都市の中で2番目に多く，東京と同様に食料は

第 9 章 窒素フローモデルを用いた地下への窒素負荷量の推定　141

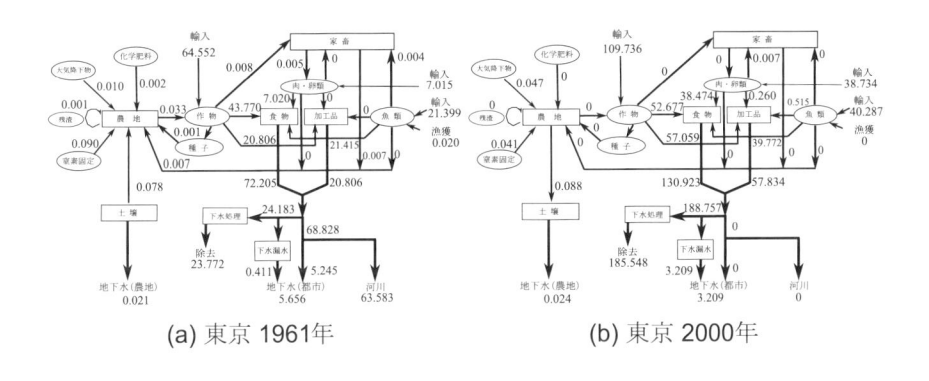

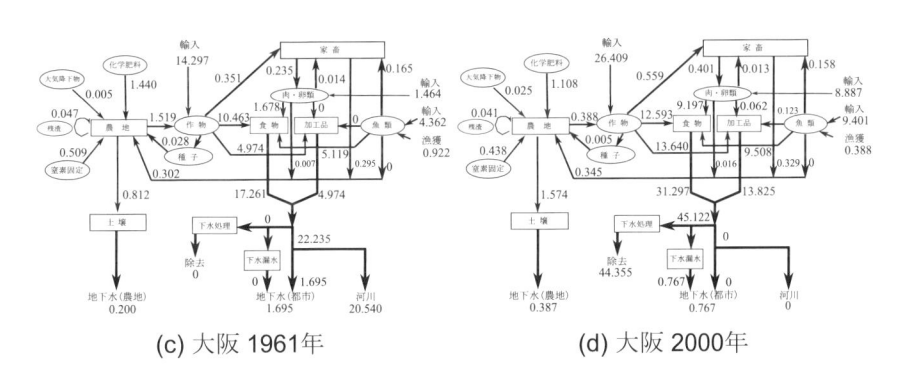

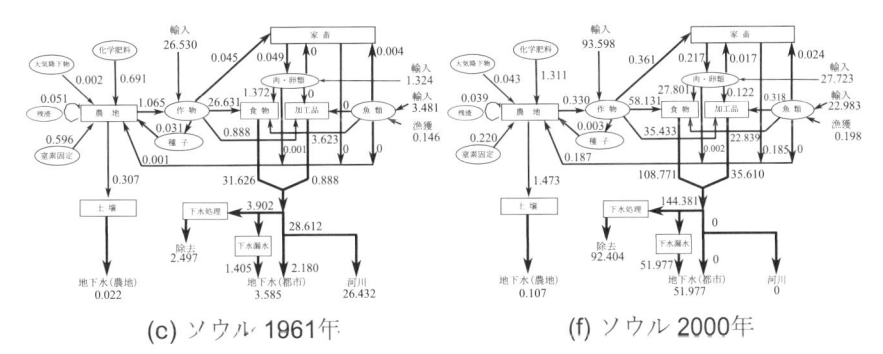

(a) 東京 1961年

(b) 東京 2000年

(c) 大阪 1961年

(d) 大阪 2000年

(e) ソウル 1961年

(f) ソウル 2000年

図 9-3　1961 年および 2000 年の推定窒素フロー量（単位：$\mathrm{Mg\ km^{-2}\ yr^{-1}}$）

（Shimizu et al., 投稿中を加筆修正）

(g) バンコク 1961年
(h) バンコク 2000年

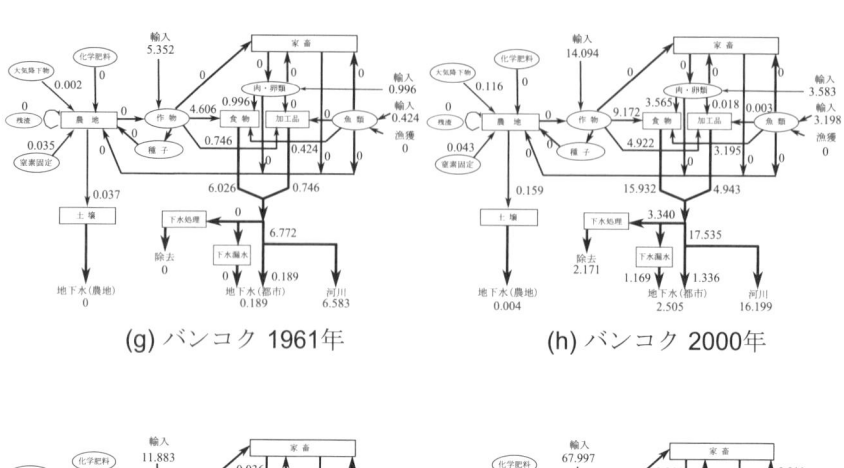

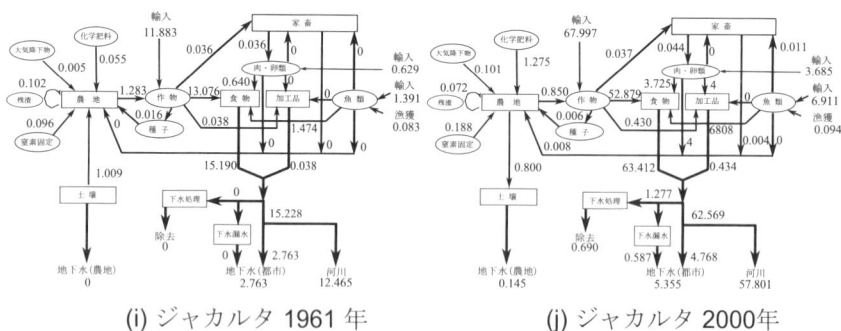

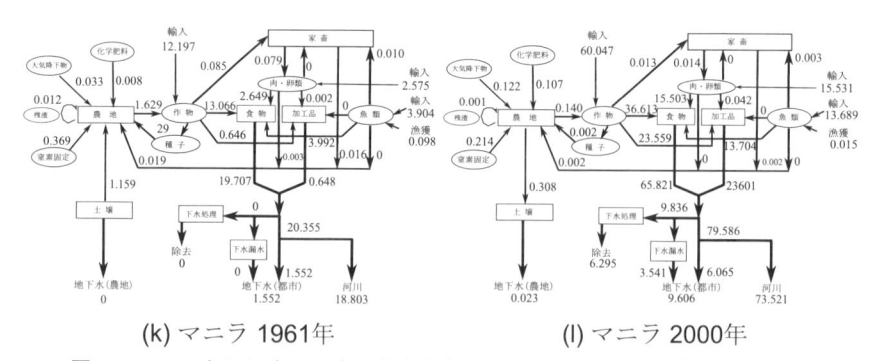

(i) ジャカルタ 1961年
(j) ジャカルタ 2000年

(k) マニラ 1961年
(l) マニラ 2000年

図 9-3　1961年および2000年の推定窒素フロー量（単位：$Mg\ km^{-2}\ yr^{-1}$）（続き）

外部からの輸入によって賄われており,大阪への窒素輸入量は,約 19 Mg km^{-2} yr^{-1} と 3 番目に多い量であった(図 9-3(c))。大阪では比較的農業活動が活発であったことから,生産物の収穫によって農地から除去された窒素量は約 1.5 Mg km^{-2} yr^{-1} と東京よりも多い一方で,肥料の余剰分にあたる 0.2 Mg km^{-2} yr^{-1} が農地から地下へと負荷された。しかし,地下への負荷は,排水からの負荷が多くを占めており,約 1.7 Mg km^{-2} yr^{-1} と農地からの負荷の約 8 倍であった。2000 年になると,大阪の人口は 1.5 倍に増加し,都市部での窒素フロー量は約 45 Mg km^{-2} yr^{-1} と 1961 年時のおよそ 2 倍となった(図 9-3(d))。また,下水道普及率は 100％となり,その漏水率は東京と同じ 1.7％と仮定していることから,下水道管からの漏水による地下への負荷は,約 0.8 Mg km^{-2} yr^{-1} と小さかった。また,農地面積は宅地化によって減少し,それに伴って生産量も減少したが,面積あたりの施肥量は増加したため,1961 年時よりも多い約 0.4 Mg km^{-2} yr^{-1} の余剰窒素が地下へと負荷された。東京では地下への負荷の要因として,ほぼ全量が下水道管からの漏水に起因するものであるのに対し,大阪では,地下への窒素負荷量の約 3 分の 1 が農地に起因するものであった。

　1961 年のソウルの人口は,6 都市の中で 4 番目に多かったが,ソウルへの窒素輸入量は約 30 Mg km^{-2} yr^{-1} と 2 番目に多い量であった(図 9-3(e))。このため,生活排水経由での地下への負荷量は約 2.2 Mg km^{-2} yr^{-1} と若干高く見積もられた。また,下水道が普及し始めており,都市部からの排出量の一部が下水処理場へと送水されたが,下水道管からの漏水率は 36％であったため,下水道管の漏水による負荷量は約 1.4 Mg km^{-2} yr^{-1} と,地下への負荷の約 4 割を占めていた。一方,農地は,漢江沿いの低地や中心市街地の周辺部に広がっているが,その面積割合はこれまでの都市と同様に低く,生産物の収穫によって農地から除去された窒素量は約 1.1 Mg km^{-2} yr^{-1} と見積もられ,余剰窒素分による農地から地下への負荷は小さいものであった。しかし,2000 年になると,ソウルの人口は 3.8 倍に増加し,都市部への窒素輸入量は約 144 Mg km^{-2} yr^{-1} と 1961 年の約 5 倍に増え,都市部での窒素フロー量は急増した(図 9-3(f))。また,食料としてだけでなく,加工用としての流通量は 1961 年よりも約 40 倍も増加したことや,韓国の 1 人あたりの平均タンパク質消費量が,1961 年時の 21 kg yr^{-1} から 32 kg yr^{-1} へと,およそ 1.5 倍増加し,1961 年と比べて大き

く変化した。このように，食物中の窒素含有量が増加し，さらにその流通量も増加したことから，6都市の中で最も大きな増加率となった。また，都市部からの排出量は下水道の普及によって，100％処理されるようになったが，漏水率は36％であることから，約52 $Mg\ km^{-2}\ yr^{-1}$ という非常に大きな負荷が下水道管からの漏水によって地下へもたらされている結果となり，6都市の中で最も大きい負荷が見積もられた。

1961年のバンコクの人口は6都市の中で最も少なく，バンコクへの窒素輸入量も約7 $Mg\ km^{-2}\ yr^{-1}$ と最も少ない量であった（図9-3(g)）。中心部周辺に農地が広がっているが，農地からの窒素負荷はなく，窒素負荷量のほとんどは都市部での食料消費に伴うものであった。全体的に窒素フロー量が少ないため，地下への窒素負荷量も約0.2 $Mg\ km^{-2}\ yr^{-1}$ と少ない量であった。2000年になると，バンコクの人口は2.7倍に増加し，バンコクへの窒素輸入量は約21 $Mg\ km^{-2}\ yr^{-1}$ と1961年の約3倍に増え，地下への窒素負荷量も増加したが，下水道管からの漏水を加味しても約2.5 $Mg\ km^{-2}\ yr^{-1}$ と6都市の中で最も低い負荷量であった（図9-3(h)）。

1961年のジャカルタの人口は6都市の中で3番目に多かったが，ジャカルタへの窒素輸入量は，約13 $Mg\ km^{-2}\ yr^{-1}$ と5番目に多い量であった（図9-3(i)）。都市部からの排水は未処理のまま河川へと放流され，そこからの地下への負荷量は約2.8 $Mg\ km^{-2}\ yr^{-1}$ と見積もられた。農地では肥料等の投入量よりも生産物の収穫による除去量の方が多く，土壌中の窒素を持ち出したため，農地からの地下への負荷はなかった。2000年のジャカルタの人口は2.8倍に増加し，都市部でのフロー量は約78 $Mg\ km^{-2}\ yr^{-1}$ と6倍に増加した（図9-3(j)）。下水道管からの漏水が47％と他の都市よりも高い割合であったため，地下への負荷は約5.4 $Mg\ km^{-2}\ yr^{-1}$ と見積もられた。しかし，下水道普及率が2％程度であるため，依然として多くは河川へ排出された。農地での窒素フロー量は増加したが，生産物の収穫による農地からの除去量は減少したため，余剰窒素量が多くなったが，都市部からの負荷量と比較すると，その割合は小さかった。

1961年のマニラの人口は，6都市の中で5番目に多く，マニラへの窒素輸入量は約17 $Mg\ km^{-2}\ yr^{-1}$ と，4番目に多い量であった（図9-3(k)）。マニラではジャカルタと同様の傾向であった。すなわち，都市部からの排水による地下

第9章　窒素フローモデルを用いた地下への窒素負荷量の推定　　**145**

への窒素負荷がみられ，農地では肥料等の窒素投入量が不足したため，土壌からの持ち出しが約 1.2 Mg km^{-2} yr^{-1} もあり，農地への窒素負荷はみられなかった。このため都市部から発生した窒素の多くは河川へと流出した。しかし 2000 年になると，マニラの人口は 4.2 倍と 6 都市の中でも最も高い増加率を示し，2 番目に人口の多い都市へと変貌した。このことを受け，マニラへの窒素輸入量は約 89 Mg km^{-2} yr^{-1} と 5 倍に増加した（図 9-3(1)）。食料消費としての窒素排出量だけでなく，加工等の処理による排出量の方も約 23.6 Mg km^{-2} yr^{-1} に増加し，1961 年と比べると約 36 倍に急増した。しかし，依然として下水道の普及率は低いため，都市部からの排水の多くが河川へと放流され，下水道管からの漏水も併せた約 9.6 Mg km^{-2} yr^{-1} という多くの窒素量が地下へと負荷された。地下への負荷としては，ソウルに次いで 2 番目に大きい負荷であった。

図 9-4 に 1961 年および 2000 年の河川および地下への窒素負荷量の変化を

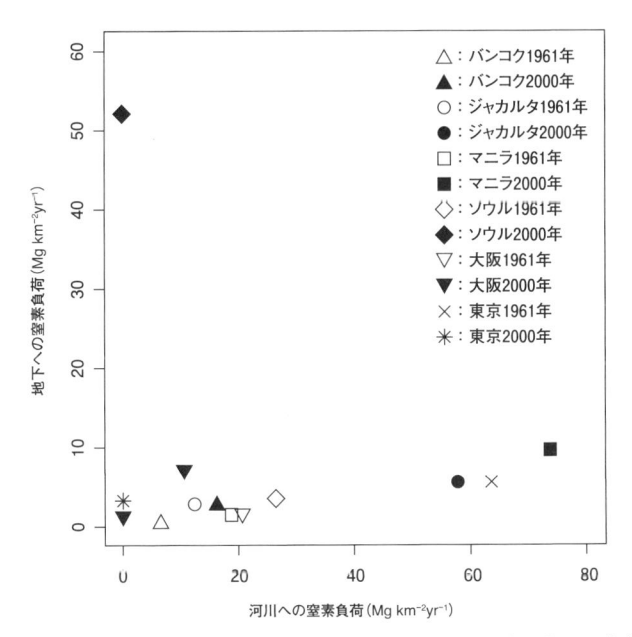

図 9-4　1961 年および 2000 年の河川および地下への窒素負荷量の変化

（Shimizu et al., 投稿中を加筆修正）

示す。バンコク，ジャカルタ，マニラでは1961～2000年にかけて正の相関がみられた。すなわち，河川への窒素負荷量とともに地下への窒素負荷量も増大した。その傾きは都市によってさまざまであり，バンコクおよびマニラで最も大きく，ジャカルタは比較的緩やかであった。河川への窒素負荷の増加量はジャカルタおよびマニラで大きく，バンコクでは小さかった。一方で，地下への窒素負荷の増加量はマニラで最も大きく，バンコクおよびジャカルタでは同程度であった。マニラでは地下への負荷および河川への負荷の両者において増加率が最も高かった。これとは対照的に，東京，大阪，ソウルでは，下水道の整備によって，河川への窒素負荷量は大きく減少した。東京および大阪においては，地下への窒素負荷量も減少したが，ソウルにおいては，下水道管からの漏水のため地下へ非常に高い窒素負荷を与えていた。

以上のことから，都市の発展速度，人口増加率によって窒素負荷量の増加量は特徴付けられているようであったが，食物中のタンパク質含有量の増加も要因の1つとして考えられた。そして，発展途上にある巨大都市（バンコク，ジャカルタ，マニラ）では未処理の生活排水による地下への負荷が示されたが，一方で発展段階後期にあるソウルでは，下水道管からの漏水が地下への主要な窒素供給源となっていたことが示された。

5. 土地利用ごとの窒素負荷量の変化

図9-5に巨大都市の地下への市街地および工業用地以外の土地利用からの推定窒素負荷量の変化を示す。森林については，大阪がほかの都市よりも比較的高い値となったが，大阪はもともと森林の割合が高いことによるものである。草地では都市間での大きな差はみられなかった。水田では，肥料など外部から投入された量よりも作物に吸収される量の方が多いため，地下への負荷はほとんどない都市が多くみられたが，2000年になると面積あたり施肥量の増加に伴って余剰窒素量の方が多くなったため，地下への負荷が発生している。一方，大阪，ソウル，ジャカルタの畑地においては比較的高い負荷量が確認された。2000年においても大阪やジャカルタでは高い値を維持していたが，それ以外の都市では，市街地の拡大によって畑地面積が減少したことを受け負荷

第9章 窒素フローモデルを用いた地下への窒素負荷量の推定　147

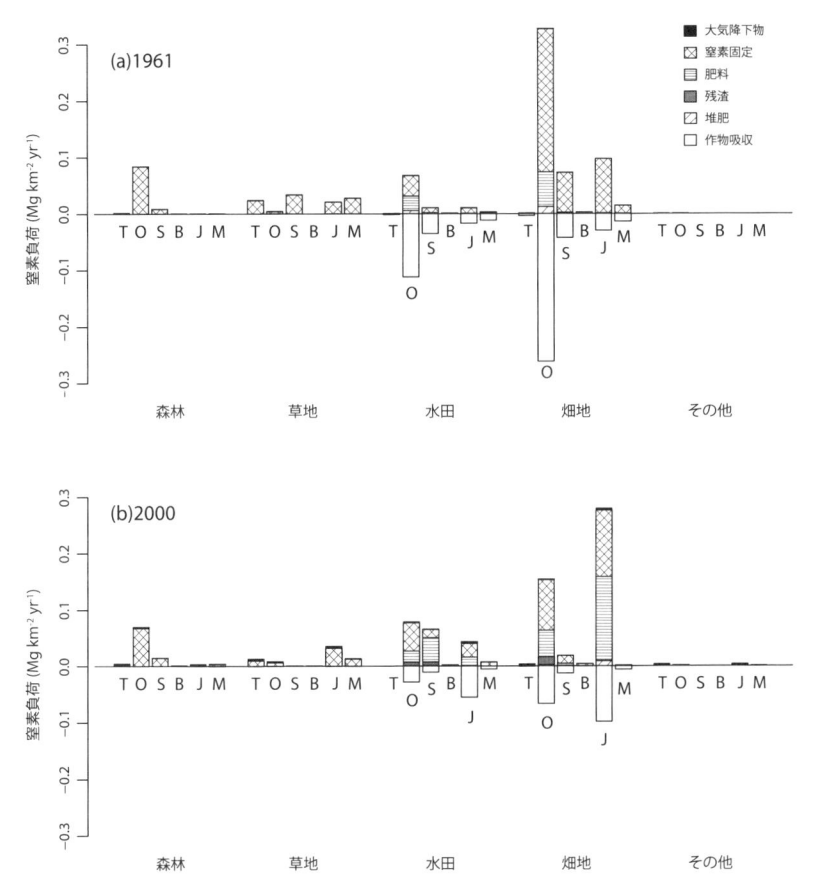

図 9-5　巨大都市の地下への土地利用別推定窒素負荷量（森林，草地，水田，畑地，その他）
Tは東京，Oは大阪，Sはソウル，Bはバンコク，Jはジャカルタ，Mはマニラを表す。
（Shimizu et al., 投稿中を加筆修正）

量も減少した。

図 9-6 に巨大都市の地下への市街地および工業用地からの推定窒素負荷量の変化を示す。1961年ではすべての都市において生活・工業排水が主要な窒素供給源であり，東京が最も高い負荷量であった。東京およびソウルでは，一部に下水道からの漏水がみられたが主要な供給源ではなかった。工業用地からの負荷は，東京，大阪，ソウルでみられたが，市街地からの負荷量と比較する

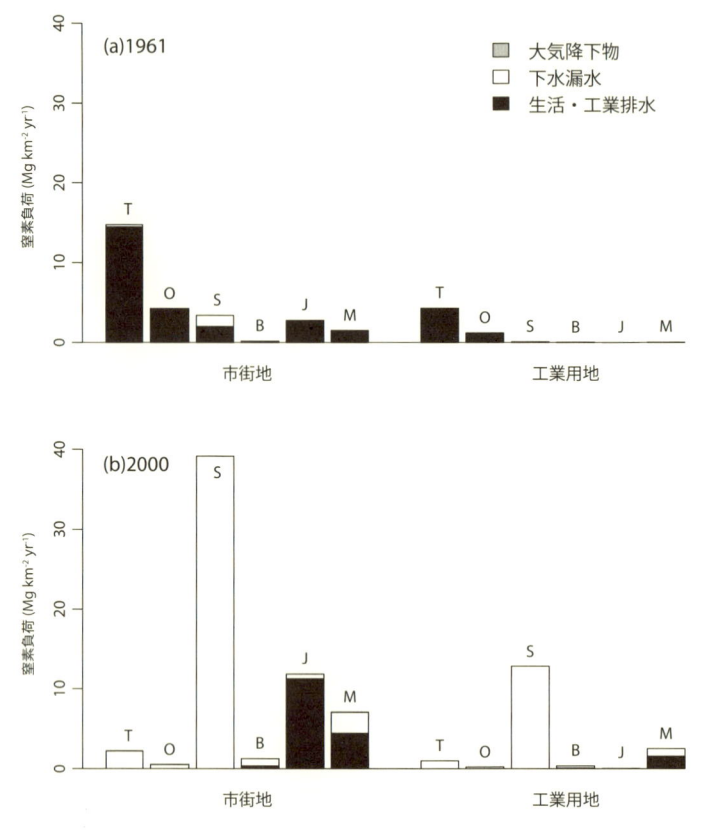

図9-6 巨大都市の地下への土地利用別推定窒素負荷量（市街地，工業用地）
Tは東京，Oは大阪，Sはソウル，Bはバンコク，Jはジャカルタ，Mはマニラを表す。
(Shimizu et al., 投稿中を加筆修正)

と，それほど大きいものではなかった。ところが2000年になると，生活・工業排水からの窒素負荷量は大きく変化し，ジャカルタおよびマニラが最も多くなった。一方で，東京，大阪，ソウルにおける主な窒素供給源は下水道管からの漏水へと変化し，特にソウルでは非常に高い窒素負荷となった。

6. 浅層地下水中の推定溶存無機窒素濃度の時空間変化

　図 9-7 に推定した浅層地下水中の溶存無機窒素濃度の 1961 年および 2000 年時の空間分布を示す。1961 年時のバンコクは，土地利用に関係なく計算領域内の全域で 0.00 mg L^{-1} と見積もられ，人間活動の影響は地下まで到達していないという結果になった。ジャカルタでは，市街地で 0.37 mg L^{-1}，それ以外の土地利用では 0.00～0.02 mg L^{-1} であった。マニラでは，市街地は 0.06 mg L^{-1}，それ以外の土地利用では 0.00～0.01 mg L^{-1} であった。ソウルでは，市街地が 0.26 mg L^{-1}，畑地が 0.05 mg L^{-1}，それ以外の土地利用では 0.00～0.03 mg L^{-1} となった。大阪では，市街地が 0.72 mg L^{-1}，工業用地が 0.21 mg L^{-1}，畑地が 0.18 mg L^{-1} となった。それ以外では 0.00～0.06 mg L^{-1} までの濃度で，ほかの都市よりも高い結果であった。東京では，市街地が 3.44 mg L^{-1}，工業用地が 0.99 mg L^{-1} となり全都市で最も高い濃度となった一方で，それ以外の土地利用では 0.00～0.02 mg L^{-1} と低い濃度であった。すべての都市において，市街地の土地利用で最も高い濃度を示した。

　2000 年時のバンコクでは，都市部が広がり，それに伴って 0.05 mg L^{-1} まで上昇したが，ほかの都市と比較してそれほど高い濃度ではなかった。ジャカルタでは北東部を除いて，ほぼ全域に都市部が拡大し，市街地の濃度は 1.69 mg L^{-1} に上昇した。マニラにおいても南東部を除いてほぼ全域に広がり，濃度は 0.38 mg L^{-1} に上昇した。ソウルでは都市部が漢江沿いにさらに拡大し，市街地での濃度も 4.25 mg L^{-1} と劇的に上昇し，全都市の中で最も高い濃度となった。対象的に大阪では，北部および南部の森林地帯を除いて都市部が拡大したが，市街地では 0.62 mg L^{-1} と低下し，東京においても，北東部と南西部の臨海部まで都市化が進行したが，溶存無機窒素濃度は 2.70 mg L^{-1} へ低下した。

(1961 年)   (2000 年)

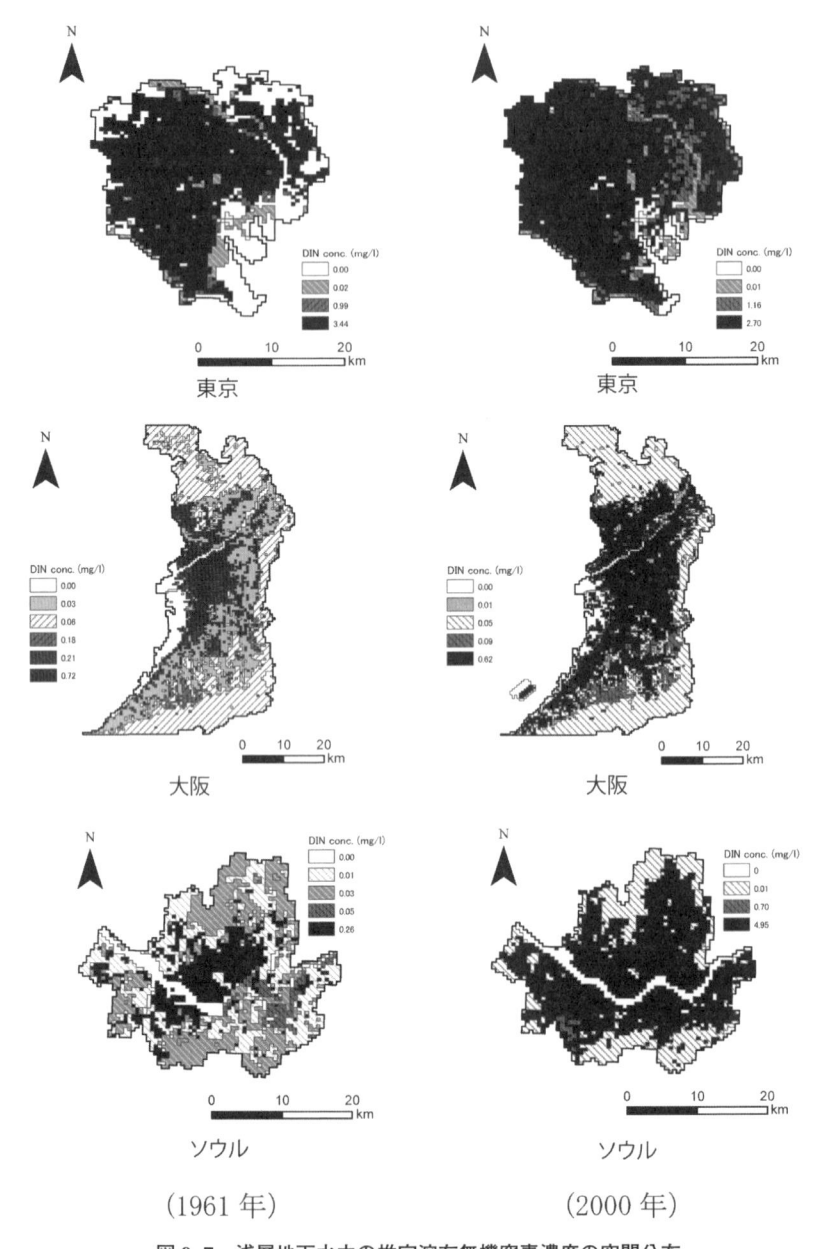

図 9-7　浅層地下水中の推定溶存無機窒素濃度の空間分布

(Shimizu et al., 投稿中を加筆修正)

第9章 窒素フローモデルを用いた地下への窒素負荷量の推定 151

バンコク

バンコク

ジャカルタ

ジャカルタ

マニラ

マニラ

（1961年）　　　　　　　　　　（2000年）

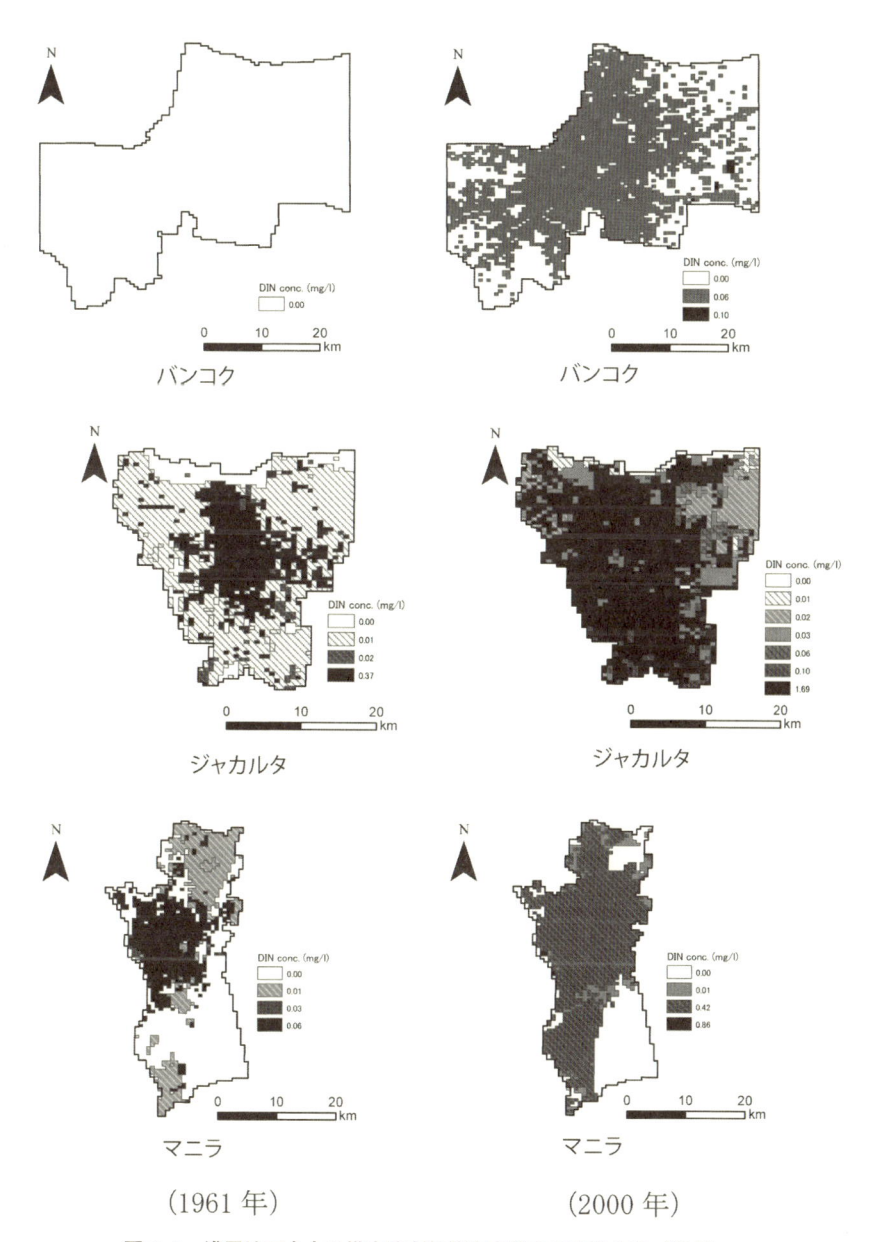

図9-7 浅層地下水中の推定溶存無機窒素濃度の空間分布（続き）

7. 改良窒素フローモデルの再現性の検証とその限界

　モデルの推定値の再現性を確認するために，実測濃度と推定濃度の比較を行った。使用したデータは，総合地球環境学研究所の研究プロジェクト「都市の地下環境に残る人間活動の影響（代表：谷口真人）」によって大阪，ソウル，バンコク，ジャカルタ，マニラにおいて測定された浅層地下水中の溶存無機窒素濃度である。東京については，同データベース内に実測値がなかったため，黒田ほか（2007）のデータを使用した。実測濃度を測定した地点と2000年頃の土地利用メッシュを重ね合わせ，対応する土地利用と実測濃度の比較，検証を行った。ただし，実測濃度のほとんどは，市街地の井戸における観測であったため，市街地の土地利用での推定濃度と実測濃度の比較となった。

　各都市の実測濃度はばらついており，東京，ソウル，ジャカルタでは高い濃度がみられた（**図 9-8**）。2000年時の市街地での推定濃度は，東京で 2.70 mg L^{-1}，大阪で 0.66 mg L^{-1}，ソウルで 4.95 mg L^{-1}，バンコクで 0.06 mg L^{-1}，ジャカルタで 1.69 mg L^{-1}，マニラで 0.42 mg L^{-1} であった。個別の都市をみていくと，バンコクでは，推定値が実測値よりも低い値を示した。バンコクの表層は厚さ 20 m ほどの粘土層に覆われており，表層から負荷された窒素は，容易に涵養することができないため，推定濃度は低くなっている。

　このような厚い粘土層があるにもかかわらず，浅層地下水中に比較的高い溶存無機窒素濃度が検出された原因として，下水道の漏水等が考えられている（Umezawa et al., 2008）。本章でも下水道管からの漏水は考慮しているが，想定以上の漏れがある可能性がある。これに関連して，バンコクでは，地表からの人為的な汚染物質が土壌中に蓄積されつつあることや（Onodera, 2011），深層地下水の過剰揚水によって，浅層地下水の下方への引き込みが多くなっていることなどから（Yamanaka et al., 2011），表層から負荷された窒素が，局地的に浅層地下水中へ涵養（誘発涵養）されている可能性も考えられる。また，ジャカルタでも，実測濃度の平均値よりも推定濃度の方が低い値となり，想定以上の窒素が流入している可能性を示唆した。バンコクと同様にジャカルタにおいても，下水道からの漏水量の過小評価の可能性に加えて，深層地下水の過剰揚水

図 9-8 実測濃度と推定濃度

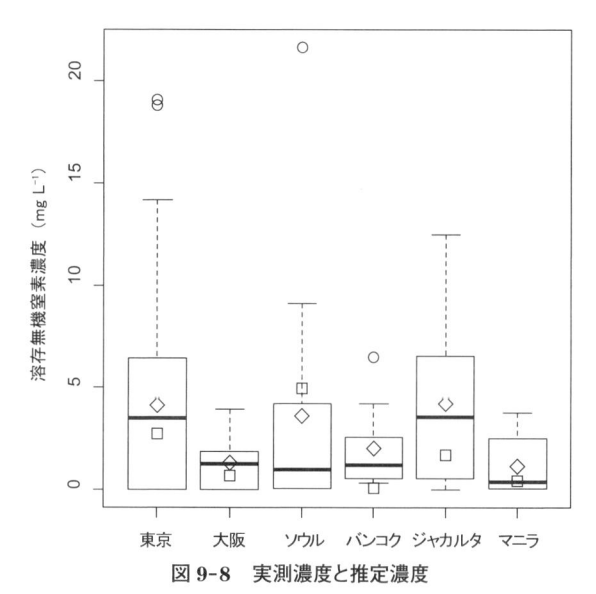

◇は実測濃度の平均値を，□は推定濃度を，○は 2σ 範囲に含まれない，いわゆる外れ値を表す。ボックスの上辺は第3四分位点，下辺は第1四分位点を，ボックス内の太線は第2四分位点（中央値）を表す。ボックスの上下に伸びる点線の頂点の辺は，○がある場合はボックスの長さの1.5倍を，○がない場合は最大値を表す。

（Shimizu et al., 投稿中に加筆修正）

に伴う誘発涵養が報告されていることから（Kagabu et al., 2011），地表からの窒素負荷量を過小評価している可能性が考えられた。これに対して大阪およびマニラの推定濃度は実測濃度の平均値とほぼ一致しており，概ね再現できたと考えられる。一方，ソウルにおける推定濃度は，実測濃度の平均値に近い値であったが，中央値よりも高い値であった。この原因として，ソウルでの地下水硝酸汚染は下水道管の劣化箇所からの漏水による可能性が報告されており（Kim et al., 2001; Choi et al., 2005; Hosono et al., 2009），検証に用いた実測濃度には，下水道管からの漏水の影響を受けている地点とそうではない地点が混存していたことが考えられた。このため，検証に用いた実測値および下水道管からの漏水率の再検討が必要である可能性が考えられた。東京における推定濃度は，実測濃度の平均値と中央値に近く，代表的な値を再現できていると考えら

れるが，一部の実測値に非常に高濃度の値が含まれていた。東京都区部の地下水中の窒素の供給源は生活排水の漏水の可能性が高いことから（黒田ほか，2007），局地的に下水道管からの漏水の影響を受けている地点であると考えられた。

各都市において，概ね代表的な値と考えられる結果を得ることができたが，一部では実際の値と乖離した結果を示したところもみられた。本モデルでは，土地利用ごとに1つの濃度しか推定することができないため，同じ土地利用内でのばらつきは表現することができない。また，食料・肥料のフローをベースに計算しているため，それ以外の供給源による窒素負荷は考慮できていない。特に，都市全体での下水漏水率は考慮しているが，それがどこで発生しているかといった空間的な位置情報や漏水量のデータは入手が困難であることから，都市全体として一律で与えているため，ソウルでみられたように推定値が全体的に上昇したことや，東京でもみられたような局地的な下水道管からの漏水による高濃度の地下水は推定することができなかったと考えられる。したがって，この部分がこのモデルの限界点と考えられる。しかしながら，国ベースで整備されたデータを用いて推定していることを考慮すると，本モデルで推定された結果は許容できる範囲であるといえる。

8. おわりに

すべての都市で共通している現象として，人口増加に伴う大量の食料が都市域外から輸入されていることが確認された。特に，非常に多くの人口を抱えるこれら巨大都市では，その都市内の農地での食料生産量ではすべての人口の食料需要を満たすことは不可能であることから，都市域外から大量の食料が輸入されており，それは同時に大量の窒素が都市内部にもたらされていることを意味している。特にマニラでは，1961～2000年にかけて，人口が4.2倍と急増し，大阪やソウルをも凌ぐ人口を擁するようになり，そして大量の人口から排出される生活排水等によって，地下への窒素負荷量も大きく増加した。この傾向は，マニラだけでなく，ソウルやバンコク，ジャカルタでも確認された。

それに付随して，経済的に豊かになりつつある国では，生活水準の向上に伴

い，肉類の消費量が増加し，消費される食料中に含まれる窒素量の増加が負荷量の増大に寄与していたことが明らかとなった。特にソウルでは，1961～2000年にかけて，消費される食料の量・質（窒素含有量）ともに急激に増加しており，都市域での窒素フロー量が大きく増えた。しかし同時に下水道の普及によって，地下水，河川水への負荷量が大幅に低減され，その効果は東京や大阪で顕著な傾向がみられた。一方で，バンコク，ジャカルタ，マニラでは依然として下水処理等の整備が遅れていることから，2000年においても，生活排水等は河川へと放流され，そして地下へと負荷されている。地下への窒素負荷量を低減させるためには，下水道の早急な整備が望まれるところではあるが，下水道管からの漏水が大きいソウルでは，地下への負荷が逆に増大したことから，地下への直接的な負荷となる下水道管からの漏水を減らすことも重要である。

　本モデルによる推定は完璧なものではなく，問題点が多く存在する。しかし，推定された溶存無機窒素濃度は，食料・肥料以外の供給源による局地的な高濃度の地点は再現することはできないものの，実測値の平均値もしくは中央値と概ね近い値を示すことが確認されており，比較的単純なモデルではあるが，対象地域の代表的な溶存無機窒素濃度を再現できる可能性が示された。

（清水裕太・小野寺真一）

参考文献

伊藤優子・加藤正樹 2003．関東地方の都市近郊平地林における降水中の成分濃度と負荷量―森林総合研究所構内における降水の観測結果―．森林総合研究所研究報告 2(3)：149-155．

笠松昌弘 2008．大阪の地下水環境について．地下水技術 49(8)：23-28．

黒田啓介・福士哲雄・滝沢　智・愛知正温・林　武司・徳永朋祥 2007．東京都区部の地下水窒素汚染の現状と汚染源の推定．環境工学研究論文集 44：31-38．

西川嘉範 2009．大阪における 2000～2007 年度の湿性沈着および乾性沈着の化学成分．大阪府環境農林水産総合研究所研究報告 2：1-14．

Acid Deposition Monitoring Network in East Asia 2000. Data report on the acid deposition in the East Asian region 2000. http://www.eanet.asia/product/index.html（最終閲覧日：2012 年 12 月 21 日）

Choi, B. Y., Yun, S. T., Yu, S. Y., Lee, P. K., Park, S. S., Chae, G. T. and Mayer, B. 2005.

Hydrochemistry of urban groundwater in Seoul, South Korea: effects of land-use and pollutant recharge. *Environmental Geology* 48: 979-990.

Hosono, T., Ikawa, R., Shimada, J., Nakano, T., Saito, M., Onodera, S., Lee, K. K. and Taniguchi, M. 2009. Human impacts on groundwater flow and contamination deduced by multiple isotopes in Seoul City, South Korea. *Science of the Total Environment* 407: 3189-3197.

JICA/MWSS 1991. *Study for the groundwater development in Metro Manila progress report. Manila Philippines. Tech. rep.*

Kagabu, M., Shimada, J., Delinom, R., Nakamura, T. and Taniguchi, M. 2013. Groundwater age rejuvenation caused by excessive urban pumping in Jakarta area, Indonesia. *Hydrological Processes* 27: 2591-2604.

Kagabu, M., Shimada, J., Delinom, R., Tsujimura, M. and Taniguchi, M. 2011. Groundwater flow system under a rapidly urbanizing coastal city as determined by hydrogeochemistry. *Journal of Asian Earth Sciences* 40: 226-239.

Kato, N. and Akimoto, H. 1992. Anthropogenic emissions of SO_2 and NO_x in Asia: emission inventories. *Atmospheric Environment. Part A. General Topics* 26: 2997-3017.

Kim, Y. Y., Lee, K. K. and Sung, I. 2001. Urbanization and the groundwater budget, metropolitan Seoul area, Korea. *Hydrogeology Journal* 9: 401-412.

Kuroda, K., Murakami, M., Oguma, K., Muramatsu, Y., Takada, H. and Takizawa, S. 2011. Assessment of groundwater pollution in Tokyo using PPCPs as sewage markers. *Environmental Science and Technology* 46: 1455-1464.

Onodera, S. 2011. Subsurface pollution in Asian megacities. In *Groundwater and Subsurface Environments*, ed. M. Taniguchi, 159-184. Tokyo: Springer Japan.

Shimizu, Y., Onodera, S., Toyota, T., Yamashita, A. and Taniguchi, M. Estimation of the nitrogen load to groundwater in six Asian megacities using a nitrogen flow model. *Science of the Total Environment*（投稿中）.

Shindo, J., Okamoto, K. and Kawashima, H. 2003. A model-based estimation of nitrogen flow in the food production supply system and its environmental effects in East Asia. *Ecological Modelling* 169: 197-212.

Stadtklima, 2007. Mean climatic data of cities in the world. http://www.stadtklima.de（最終閲覧日：2014年5月12日）

Umezawa, Y., Hosono, T., Onodera, S., Siringan, F., Buapeng, S., Delinom, R., Yoshimizu, C., Tayasu, I., Nagata, T. and Taniguchi, M. 2008. Sources of nitrate and ammonium contamination in groundwater under developing Asian megacities. *Science of the Total Environment* 404: 361-376.

Yamanaka, T., Mikita, M., Lorphensri, O., Shimada, J., Kagabu, M., Ikawa, R., Nakamura, T. and Tsujimura, M. 2011. Anthropogenic changes in a confined groundwater flow system in the Bangkok Basin, Thailand, part II: how much water has been renewed? *Hydrological Processes* 25: 2734-2741.

10. 結　論

　本書は，20世紀の100年という時間スケールで，発展過程や発展段階の異なるアジアの7都市を対象に，土地利用という指標を通して都市化と自然環境との関係を時空間的に分析した。最後に結論として，本書の研究がなし得た成果を総括しながら，20世紀の100年における7都市の土地利用変化と自然環境の関係について，発展過程や発展段階の違いを踏まえながら相対的に整理して示す。そして，発展途上の地域における今後の都市開発や環境保全，土地利用計画のあり方について考察する。

　本書の成果としてまず挙げられるのは，7都市3時期に関して，統一された基準と方法で土地利用メッシュデータを作成し，市街地の面的拡大などのような土地利用変化を，20世紀の100年という時間スケールで空間可視化して示したことである（第2, 3章）。これは過去に例のないことであり，今後もアジアの都市化や環境変化を分析するさまざまな研究の基礎資料として活用しうる。また，作成基準と方法も公表しているので，本書の第4章で札幌圏のデータ，第5章でチリウン・チサダネ川流域全体のデータを加えたように，各々の研究者が自身の研究テーマや研究対象に即して，同じ基準・方法で異なる時期・範囲のデータを作成して追加することで，さらなる研究の発展が期待される。

　第4, 5章では，「土地利用変化と地形環境」として，市街地が面的に拡大する上での自然的基盤ともいえる標高や傾斜に代表される地形条件について分析した。都市圏が突出して広い東京圏では，低地や台地，丘陵地を問わず，自然緑地が農地へ，そして農地が市街地へという2段階の土地利用変化を経験した。その他の6都市で比較的地形が平坦なのは，バンコク，ジャカルタ，マニラであり，起伏に富むのが大阪，ソウル，台北である。これらの都市では，都心に

近いところで農地から市街地，離れたところで自然緑地から農地への変化が卓越する傾向にあった。地形的に平坦な都市では市街地が面的に拡大しやすく，起伏に富む都市では拡大しにくいということが一般的にいえるが，大阪とソウルは，そのような地形条件の割に市街地が広い。この結果は，市街地の面的拡大に加え，どのくらい高標高・急傾斜地域へ拡大しているかが，都市の発展度を推し量る1つの指標となることを示唆している。この点からは，東京は別格として，大阪とソウルの発展度が相対的に高いといえる。ほかの都市でも今後，高標高・急傾斜地域へ市街地が拡大していくことが予想されるが，そのような地域は，既存市街地へ水資源を供給する河川や地下水（湧水）の水源となる地域であり，無秩序に市街地が拡大しないような土地利用計画が求められよう。このような，土地利用変化と標高や傾斜といった地形条件との関係の分析は，河川の上流としての山地部へ下流の市街地がどの程度拡大していっているかという，流域規模での水資源の供給能力と水需要とのバランスを考慮した土地利用計画の立案にも応用しうる。

「土地利用変化と大気環境」として，まず第6章では空間軸に着目して，都市の発展段階の違いが，市街地と周辺地域にどれほどの地表面温度差をもたらすのかを分析した。その結果，発展度の高い都市ほど，市街地と周辺地域の地表面温度差が大きい傾向にあることが確認された。本研究が対象とする7都市に関しては，冷帯・温帯に属する都市で発展度が高く，亜熱帯・熱帯の都市は発展途上である。したがって，発展途上の都市においては周辺地域の気温自体も高いので，市街地との地表面温度差が小さくなったとも考えられるが，一方で，市街地における都市活動が活発化することで生じる温度上昇（ヒートアイランド現象）が今後顕在化するようなことになれば，冷帯・温帯の都市以上に深刻な影響を及ぼす可能性がある。したがって，市街地内における水辺や緑地の再生・創造など，ヒートアイランド現象を緩和させるような取り組みの推進が不可欠である。

次に第7章では時間軸に着目して，都市の発展に伴い過去から現在にかけて地上気温がどのように変化してきたのかを分析した。この研究では，従来の研究で行われていなかった20世紀前半から現在にかけてという長期の時間スケールにおいて，土地利用メッシュデータから過去の都市の気温分布を復原す

ることができた．そして復原結果を検証するための実測データがない時代について，地下温度プロファイルのデータと照合するため，気候の季節変化も加味した分析を行った．このように100年という時間スケールで整備された土地利用データを用いることで，実測データがない時代まで遡って都市の大気環境を復原することが可能となり，それは，ヒートアイランド現象に代表される気候変化が将来どの程度進展し，人間生活にどのような影響を及ぼすかの予測にとっても有用な成果となろう．

「土地利用変化と水環境」としてはまず第8章で，土地利用メッシュデータから判明する都市の空間的拡大過程に基づき7都市を4類型に区分した上で，定性的ではあるが体系的に，都市の発展過程と水環境の時系列的変化や水環境問題の実態との関係について整理した．そこからは，各都市群が，都市の発展過程にみられる時期的な違いと呼応するように，時期を違えて同じような水環境問題を経験していることが明確になった．先発的に都市が発展し水環境問題も経験した東京や大阪よりも，後発的に発展した都市ほど，都市化の進展速度が速く水環境問題も短い期間に顕在化したといえる．しかしながら一方で，その問題の解決に費やす時間と労力もより短く合理的にできる可能性があるはずである．なぜなら，先発的にそれらを経験し解決した都市の事例を踏まえた対策が取れるからである．そのような"後発の利益"ともいえるようなものを享受しながら，速やかにreactiveな対策を実現するだけでなく，発展途上の都市においては，そもそも他都市が経験した問題を発生させることなく都市発展を成し遂げるための，問題の発生を未然に回避するようなproactiveな方策を立案・実施することが，今後ますます求められよう．

第9章では，都市レベルにダウンスケールした改良窒素フローモデルを構築することで，地下水への窒素負荷量を土地利用ごとに推計し，時系列的変化や空間分布，都市間の相違について定量的に示した．都市化の進展に伴う人口や産業の一極集中は，同時に窒素という環境負荷の大都市への一極集中を意味している．下水道の普及によって地下水への窒素負荷は軽減されるとはいえ，河川などの別の環境下へそれらは放出されることになる．環境負荷としての窒素に着目した従来の研究は，アウトプットとしての窒素がどこにどのくらい放出されていて，その処理はどのようにすべきかを主に論じているといえるが，本章

でも触れているように，都市化の進展や人々のライフスタイルの変化によって，そもそものインプットとしての窒素がどのくらい増えていて，これ以上増加させないためにどうすべきかを検討することが，先に述べたような proactive な方策ではなかろうか．本書のような発展段階の異なる複数都市を対象に，同じ尺度，分析方法で水環境問題の実態を解明し考察するアプローチは，そのような proactive な方策の立案にとって，重要な示唆を与えるであろう．

　以上，本書の内容を総括したが，本書で作成した土地利用メッシュデータは決して十分なものとはいえず，いくつかの課題が残されている．まず，基図とした地図からの土地利用判読上の課題がある．本書では，第2章で示した統一的な基準・方針で7都市3時期における土地利用データセットを作成できたが，より精度を高めるためには海外の古地図研究者などとの連携が必要であろう．次に，本書は20世紀の100年の変化を分析したといっても，3時期のデータセットしか整備していない．もっと時間解像度の高い（20年ごとや10年ごとなど）データセットが整備できれば，より詳細かつ正確な分析が可能となろう．また一方で，空間解像度の問題もある．本書では第2章で述べた理由から500 mメッシュのデータを作成したが，研究テーマや対象地域のスケールによっては，より細かいサイズのメッシュの方が望ましい．したがって，例えば都市中心部に限定してより空間解像度の高いデータを作成することも，今後の検討課題であろう．

　いずれにしろ，本書のような時系列的な土地利用メッシュデータを整備することは，人間による政策や経済活動，社会・文化などが地表面に及ぼした作用を時空間的に理解するという人文・社会科学的研究の基礎データとしてだけでなく，地形や気候，水環境あるいは本書では扱えなかったが生物・生態系など自然科学的研究の基礎データとしても有用である．すなわち土地利用メッシュデータは，学際研究を推進するための共通基盤であるといえる．

　　　　　　　　　　　　　　　　　　　　　　　　　（山下亜紀郎）

索引

Number

2分の1分割地域メッシュ　21

Alphabet

CSU‐MM（Colorado State University Mesoscale Model）　101
ETM+　92
Landsat‐7　92
SRTM（Shuttle Rader Topography Mission）　73

あ

囲郭都市　10
雨天日出現率　106
衛星都市　14
大阪　1, 38, 54, 59, 64, 95, 113, 120, 134

か

外邦図　25, 26, 30, 32
改良窒素フローモデル　138, 159
河川流出量　134
官製地図　19
気温　1
気候区分　1
距離圏　35
近代都市の起源　10
傾斜　61, 73, 81
下水道　128
下水漏水率　138, 154
降水量　1, 134

さ

札幌　54, 55, 61
自然環境　1
地盤沈下　118, 128
ジャカルタ　6, 29, 47, 74, 95, 108, 117, 125, 137
縮尺　19
城下町　10
蒸発散量　134
水質汚染　118
推定窒素フロー量　140
数値シミュレーション　99
数値標高モデル（DEM）　53
ソウル　1, 24, 40, 74, 95, 108, 115, 121, 136

た

台北　6, 26, 43, 74, 95, 115, 122
地下温度上昇　107

地下温度の鉛直プロファイル 99, 100
地下温度プロファイル 106, 159
地下水 111
地下水位 118, 128
地下水涵養量 134
地下水の塩水化 118
地形条件 53, 157
地上気温 106, 158
地上気象観測 99
窒素汚染 133
窒素負荷量 140, 145, 146, 159
窒素フローモデル 138
地表面温度 90, 92, 102, 158
地表面温度上昇 100, 104
地表面温度ヒストグラム 94
チリウン・チサダネ川流域 81
東京 1, 35, 54, 57, 64, 95, 113, 119, 134
都市圏 20
都市の発展過程 10, 112
土地利用計画 158
土地利用項目 20
土地利用判読 23, 160
土地利用分布 35, 55, 81
土地利用変化 36, 49, 53, 57, 61, 73, 84, 157
土地利用メッシュデータ 15, 19

特化係数 73, 84

は

バンコク 6, 27, 45, 95, 102, 116, 123, 136
ヒートアイランド現象 89, 158
標高 61, 73, 81
放射輝度 92

ま

マニラ 7, 31, 49, 95, 117, 126, 137
水環境 118
水環境変化 112
水環境問題 111, 118, 127, 159
メッシュサイズ 20

や

誘発涵養 152
溶存無機窒素濃度 149, 152

編著者紹介

山下 亜紀郎（やました あきお）

筑波大学生命環境系助教．石川県金沢市出身．
筑波大学大学院地球科学研究科単位取得退学．博士（理学）．
東京大学空間情報科学研究センター，酪農学園大学環境システム学部
を経て現職．主な著書に『水環境問題の地域的諸相』古今書院．

土地利用でみるアジアの都市化と自然環境

2016 年 3 月 10 日初版発行

編著者　山下　亜紀郎

発行所　筑波大学出版会
〒 305-8577
茨城県つくば市天王台 1-1-1
電話（029）853-2050
http://www.press.tsukuba.ac.jp/

発売所　丸善出版株式会社
〒 101-0051
東京都千代田区神田神保町 2-17
電話（03）3512-3256
http://pub.maruzen.co.jp/

編集・制作協力　丸善プラネット株式会社

©Akio YAMASHITA, 2016　　　　　　　　Printed in Japan

組版／月明組版
印刷・製本／富士美術印刷株式会社
ISBN978-4-904074-39-8 C3025